移动社交平台旅游分享行为研究

陈莹盈 著

·北京·

内容简介

《移动社交平台旅游分享行为研究》采用扎根理论研究方法，探讨以下三方面内容：其一，移动社交平台旅游分享行为的前因变量分析。其二，旅游分享行为的实现过程解析，即旅游者如何通过分享行为在移动社交平台上构建旅游体验。其三，旅游分享行为的结果剖析，探究旅游分享行为的影响，着重分析对分享者旅游体验的反身性影响。在此基础上构建移动社交平台旅游分享行为的动态过程理论模型，以期在理论层面增益旅游消费者行为的研究发展，在实践层面有助于对当下旅游消费者行为特征与心理特征的理解，有助于旅游服务供给方对服务方式与产品质量的改进。

本书可作为旅游管理、市场营销、文化产业等专业的高等院校教师和学生的学习资料，也可为从事旅游行业的工作人员提供参考，同时也适合对旅游分享行为感兴趣、想一探究竟的读者们阅读。

图书在版编目（CIP）数据

移动社交平台旅游分享行为研究/陈莹盈著．—北京：化学工业出版社，2020.11（2021.11重印）
ISBN 978-7-122-37590-2

Ⅰ.①移… Ⅱ.①陈… Ⅲ.①移动通信-互联网络-应用-旅游业-信息学-研究 Ⅳ.①F590.6-39

中国版本图书馆CIP数据核字（2020）第158776号

责任编辑：章梦婕 李植峰　　　　　　　　文字编辑：谢蓉蓉
责任校对：宋 玮　　　　　　　　　　　　装帧设计：王晓宇

出版发行：化学工业出版社（北京市东城区青年湖南街13号 邮政编码100011）
印　　装：涿州市般润文化传播有限公司
710mm×1000mm　1/16　印张15½　字数200千字　2021年11月北京第1版第2次印刷

购书咨询：010-64518888　　　　　　　　售后服务：010-64518899
网　　址：http://www.cip.com.cn
凡购买本书，如有缺损质量问题，本社销售中心负责调换。

定　　价：68.00元　　　　　　　　　　　　　　　版权所有　违者必究

前言

曾经摘抄过这么一句话,"一切有价值的事是共同享有的经验。那些我们可能认为纯属个体的经验,如对自然的经验、对一本书的欣赏,如果能与他人分享将得到极大的增强",深以为然。

分享作为人类社会的重要行为已有悠久的历史,在旅游研究领域,旅游分享行为也得到了很多学者的关注。旅游分享行为,指旅游者在旅游中的各阶段,通过某种或多种媒介展示自己的旅游体验,或向他人提供与旅游目的地的相关信息,并与浏览者产生互动的行为。在社会经济不断发展的今天,旅游逐渐成为人们的一种生活方式,随之而来的是旅游分享这一现象的普遍兴起。特别是移动互联网与移动社交媒体的发展与普及,使越来越多的国内旅游者选择微信、QQ这类"强关系"移动平台分享旅游体验。学界对旅游分享行为的研究早期主要集中在博客、微博、评论类网站、虚拟社区等"弱关系"网络媒介上,而随着时代的发展,人们越来越重视对个人社交媒介以及分享设备终端的研究。如一些国外学者开始关注旅游者在诸如Facebook这类"强关系"平台以及移动终端的分享行为,并探讨了不同类型媒介的旅游分享行为的差异。但国内学者对移动社交平台旅游分享行为的关注还很少。

在移动社交媒体时代,研究移动社交平台旅游分享行为具有很好的学术价值与实践意义。首先，通过移动社交平台进行旅游分享已经成为当今旅游者的行为习惯，学界有必要对此类旅游分享行为进行全面系统的研究，以增益旅游消费者行为的相关理论发展。其次，这类分享行为由于分享媒介的"强关系"特性与网络空间拓展性，具有很高的用户黏性与口碑传播性，能够影响旅游目的地、旅游企业等服务供给方的营销效果。对这类行为进行深入探讨，不仅有助于我们对当下旅游消费者行为特征与心理特征的理解，也有助于旅游服务供给方对服务方式与产品质量的改进，为旅游企业和旅游目的地的运营管理与营销推广提供参考。

  本书采用扎根理论研究方法，从理论上系统地分析旅游者如何在微信、QQ这类具有"强关系"特征的移动社交平台上进行旅游分享，阐述这类分享行为的动态过程、阶段演替规律，指出该行为对潜在旅游者、旅游者以及旅游服务供给方的影响；通过文献比较研究，探究它与"弱关系"网络或非移动端的旅游分享之间的差异。在此基础上构建移动社交平台旅游分享行为的动态过程理论模型，并进一步从呈现与情感两个层面论述了旅游体验如何通过分享而升华，同时对体验真实性进行了反思，最后提出相应的实践建议与研究展望。

  具体写作中，笔者试图通过呈现受访者的资料细节来展现理论研究中的分析性故事，更好地融合学术专著的学理性与可读性。希望通过本书的研究，让更多的学者、读者关注旅游分享行为，关注旅游行为、旅游体验等，促进旅游消费行为领域的研究与发展。

陈莹盈

2020 年 7 月

目录

001 绪论

第一章
013 旅游分享行为的研究概述

第一节 旅游分享行为：含义、主体、媒介与内容 / 014
第二节 旅游体验：内涵、类型、动机与真实性 / 039
第三节 分享行为与旅游体验 / 054

第二章
059 旅游分享行为的研究途径与分析过程

第一节 扎根理论研究方法 / 060
第二节 研究资料收集 / 070
第三节 研究资料分析 / 074

第三章
081 旅游分享行为的前因

第一节 旅游分享行为的影响因素 / 082
第二节 旅游分享行为的动机 / 087
第三节 旅游分享行为前因讨论 / 096

第四章
101 旅游分享行为的实现

第一节　旅游分享的符号重构与符号互动总述　/ 102
第二节　舞台：虚拟与现实交错的社会空间　/ 106
第三节　表演：修饰与真实交织的体验呈现　/ 108
第四节　观众：即时与滞后兼具的互动影响　/ 126

第五章
131 旅游分享行为的结果

第一节　分享者：有条件的体验强化　/ 132
第二节　浏览者：有前提的行为影响　/ 155

第六章
161 旅游分享行为理论模型构建与修正

第一节　旅游分享行为理论模型构建——
　　　　基于扎根理论方法的探索　/ 162
第二节　旅游分享行为理论模型修正——
　　　　基于文献比较的研究　/ 165

第七章
185 分享中体验升华与真实性反思

第一节　呈现上的升华：切换、归档与在场　/ 186
第二节　情感上的升华：记录、互动与回忆　/ 195
第三节　体验真实性的反思　/ 203

第八章
207 旅游分享行为研究结论与展望

第一节 研究结论 /208
第二节 实践启示 /210
第三节 研究展望 /216

附录
219 访谈提纲

221 后记

224 参考文献

绪 论

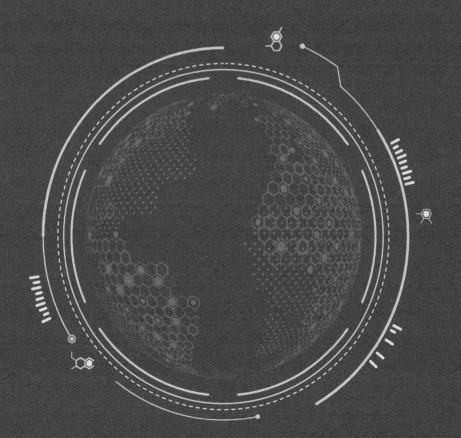

一、研究背景

（一）分享行为在人类社会发展中具有重要作用

分享行为，古已有之，它在人类社会发展的不同时期都扮演了极其重要的角色。分享行为最早可追溯到原始社会的分工劳动。原始社会时期，狩猎逐渐成为重要的食物获得途径，但狩猎困难且风险极大，为了获得更多的食物以及降低伤亡率，需要依靠集体的力量进行分工协作。这种分工事实上是一种广泛意义上的分享行为，是群居性动物通过互利而实现自利与自保的方式之一，隐含着个体生存与发展的需要。随着社会生产力的提高和社会分工的发展，物资不断丰富，人类社会从偶然的物物交换进入商品交换时代。这种互相提供劳动产品以满足双方需求的经济行为本质上也是一种有偿的物质分享，通过交换共享劳动成果，获得更好的生存条件，是自利与利他相统一的体现。

时间推移，人类社会经济不断发展，物质生活极大丰富，人们的分享互动不仅仅是为了生命的延续，而是有了更高层次的需求。根据马斯洛需求层次理论，个体的生理、安全等需求获得满足后，对爱与归属、尊重、自我实现等情感性需求的重视愈发显现，人们希望从各种社会互动中获得相应的情感满足，并最终实现个体最高也是最重要的目标：幸福感。此时的分享行为已不再局限于物质交换层面，而是进入了"己利利人，己达达人"的情感交流层面。人们通过面对面的交流、互寄信件、公共演讲等方式分享自己的情绪、观点、知识，在分享中建立、发展、巩固社会关系，满足归属、尊重、自我实现等情感需求。正如共享现实

(shared reality)理论❶所指出的，人们对现实的确认需要通过他人的"社会验证"，而分享行为不仅能满足人们对认知事实的确认，也能满足对社会归属关系的确认，进而提升分享者的人际关系构建与安全感。良好的人际关系则有利于幸福感的获得。

随着人类社会不断向前发展，互联网与社交媒体的出现改变了人们的分享方式。特别是移动社交媒体的兴起极大地便利了分享行为的进行，人们可以随时随地向相隔千里之外的朋友分享自己的内容，也可以及时了解朋友的分享。在这样的分享中人们不仅完成了信息、知识的交换，也加强了社会联系，实现了个体之间的情感交流。由此，人类的分享行为从生存层面的需要转变为情感层面的需要，转变为获得幸福感的需要。特别是在情感消费占据重要地位的当今社会，分享的重要性不言而喻。

旅游体验分享正是在这样的背景下应运而生，并且由于旅游行为天然的情感消费属性，使得旅游体验分享成为个体维持社会联系、实现情感交流，获得归属感、自尊乃至自我实现的重要途径之一。

（二）旅游分享行为日益成为旅游者的行为习惯

旅游体验分享对个体的重要性以及互联网与通信技术的发展，使得旅游分享行为日益成为旅游者的行为习惯之一。PC互联网与移动互联网的蓬勃发展带动着媒体环境的变革，自媒体的发展如日中天。旅游与自媒体的结合不仅改变了旅游的商业模式，也改变了旅游者的行为习惯。旅游者的行为习惯从传统的AIDMA模式［attention（注意）、interest

---

❶ 共享现实是指个体通过人际沟通获得的对共同经验的感知。该理论由美国心理学家Hardin和Higgins提出，它将人的认知动机和关系动机整合起来，认为人们共享现实不仅为了与他人建立联系，也为了求知。

（兴趣）、desire（欲望）、memory（记忆）、action（行动）]日益转变成AISAS模式［attention（注意）、interest（兴趣）、search（搜寻）、action（行动）、share（分享）］。其中，分享行为是最明显的改变之一，特别是在中青年群体中，通过社交媒体分享旅游经历正在成为他们旅游行为不可或缺的一个环节。

（三）旅游分享行为在新媒体时代呈现质的飞越

互联网的高速发展推动着社会进入信息时代，也推动着以个人为中心的新媒体从边缘走向主流。新媒体的交互性、即时性、共享性、个性化、社群化等特征极大地改善了旅游分享行为的外部环境，给旅游者——特别是身为网民的旅游者的分享行为带来了深刻的影响乃至颠覆性的变革。

互联网的普及以及手机等移动设备的推广❶让人们能够"随时随地"进行信息传播与交流。"随时"，意味着旅游者不再需要等旅程结束后才能向亲朋好友分享自己的旅游经历，而是可以在旅游的任何时间段向大家呈现旅游体验。新媒体迎合了人们休闲时间碎片化倾向的需求，使旅游分享行为的时间性更为松泛进而便利了旅游者的分享行为。

"随地"改变了旅游分享行为的空间限制。确切地说，是网络的虚拟性特征打破了分享行为的空间限制。分享行为的进行意味着除自己以外的其他人的存在，而"随地"改变了这种存在的空间一致性。新媒体到来以前，人们分享旅游经历几乎都是等旅游结束后回到家中，向亲朋好友展示纸质的旅游照片或旅游纪念品，这种分享要求分享者与被分享者

---

❶ 2019年8月30日，中国互联网络信息中心（CNNIC）在京发布第44次《中国互联网络发展状况统计报告》（以下简称《报告》）。《报告》显示，截至2019年6月，中国网民规模达到8.54亿人，互联网普及率达到61.2%。其中，手机网民规模达到8.47亿人，我国网民使用手机上网的比例达99.1%。

处于同一地点。新媒体时代到来后，旅游者可以选择被分享者物质不在场的情况下进行分享，即通过网络进行分享，其他人是"虚拟"在场的。"随时随地"的新媒体给旅游分享行为带来了极强的便利性，这种便利性促使分享行为日益成为旅游者的一种行为习惯。

新媒体的交互性与即时性也大大增强了分享行为的互动性。旅游者通过某种或多种新媒介向别人分享旅游经历，这种分享不再是单向的传播，而是能获得他人的反馈，实现实时或异步互动。在这样的互动中，分享者得到关注或得到认同，获得愉悦感；浏览者也同时能获得与旅游地相关的信息，乃至被分享的内容影响其旅游消费决策。

（四）学术界对旅游分享行为的研究仍有所不足

诚如上文所述，旅游分享行为随着互联网与移动终端设备的发展逐渐成为旅游者的一个重要行为习惯。并且，新媒体时代的旅游分享行为有了质的飞越，旅游者能够随时随地分享旅游体验并与社交平台上的浏览者实现互动。旅游分享行为这一现象的日渐普遍不仅对分享者本身具有重要意义，也对浏览者的旅游行为决策产生一定影响。进而，作为旅游口碑传播方式之一的旅游分享行为也给旅游企业、旅游目的地的经营管理提出了更高的要求。尽管旅游分享行为这一现象如此重要，但学术界对此现象的关注仍有所不足。

目前旅游学术界对旅游分享行为的研究主要集中在分享内容方面——旅游评论、游记、攻略、分享帖等，即用户生成内容（user-generated content，UGC）。对用户生成内容的关注又可具体分为两个方面：一是用户生成内容的信息价值与影响；二是用户生成内容的行为主体，对行为主体的研究集中在行为动机与身份特征两个方面。从国内旅游学术界对旅游分享行为的现有研究来看，对此的研究仍有很大的发展空间。

第一，分享媒介方面。学术界对旅游分享行为的研究早期主要集中在博客、微博、评论类网站、虚拟社区等"弱关系"❶网络媒介的分享行为，而随着移动互联网与移动社交媒体的发展与普及，越来越多国内旅游者选择微信、QQ❷这类"强关系"移动平台分享旅游体验。虽然学者们也开始关注到个人社交媒介以及分享设备终端的研究，如一些国外学者开始关注旅游者在诸如Facebook这类"强关系"平台以及移动终端的分享行为，并探讨了不同类型媒介的旅游分享行为的差异。但国内学者对强关系网络移动社交平台旅游分享行为的关注还很少。

第二，分享过程方面。现有研究以探讨旅游行程结束后旅游者的分享行为为主，而随着移动社交媒体的发展，越来越多的旅游者选择在旅游过程中进行实时分享并与浏览者实现交流互动。因此，有必要解析这种实时分享可能带来的影响。

第三，分享结果方面。现有研究很少关注旅游分享行为可能给分享者本身带来的影响，特别是实时分享可能给分享者的旅游体验带来的

---

❶ 有关强弱关系的划分最早由 Granovetter（1973）提出，他根据互动时间、情感强度、亲密程度以及互惠行动四个标准将社会网络划分为强关系与弱关系两个维度；并将互动频率高、情感深、关系密切、互惠多而广的定义为强关系，反之为弱关系。Kaosiri（2019）等在此基础上将旅游领域的UGC互动关系分为强关系（朋友和家人）、弱关系（熟人和陌生人）以及旅游关系（旅游组织和旅游机构）三种类型。但学术界并没有统一的定性或定量标准界定关系的强弱，且随着社交媒体的发展，强弱关系的区分也愈加复杂，很难找到纯粹的强关系或弱关系媒介。出处见：Granovetter M S. 1973. The strength of weak ties [J]. The American Journal of Sociology, 78: 1360-1380. 与 Kaosiri Y N, Fiol L J C, Tena M A M, et al. 2019. User-generated content sources in social media: A new approach to explore tourist satisfaction [J]. Journal of Travel Research, 58(2): 253-265.

❷ 本书主要指QQ移动端，但不少受访者在旅行结束后还会通过电脑端上传旅游照片到QQ空间分享或保存，因此文中统一以QQ表示。

作用。

总体而言，目前旅游学术界仍缺乏对基于强关系网络的移动社交平台旅游分享行为的系统研究。

从旅游体验研究现状来看，学术界对旅游体验的研究成果颇为丰硕，包括体验类型、层次性、阶段性、真实性、影响因素、后旅游体验等。其中后旅游体验的研究正是关注到了旅游分享行为的普遍性与重要性，但这种关注更多的是在旅游行程结束后的分享阶段，甚少有学者关注旅游行程中的分享与旅游体验之间的联系。因此，本研究从分享行为的角度对旅游体验的相关研究做进一步的拓展。

综上，本研究以更为全面的视角对移动社交平台的旅游分享行为进行研究，是对现有旅游分享行为与旅游体验研究的补充与拓展。

二、研究内容

本书采用扎根理论的研究方法。与其他研究方法不同，扎根理论所研究的问题是被研究对象的问题，而非研究者的问题。笔者在研究初期仅仅是对诸如微信、QQ等基于现实人际关系的移动社交平台上的旅游分享行为感兴趣，因此最初的研究问题事实上仅仅是一个方向性的问题，即移动社交平台的旅游分享行为是如何实现？能带来什么影响？

本研究的具体问题是随着数据收集与分析的深入而不断发现的。最终对以下问题进行了探讨与回答，这些问题即本文的主要研究内容。① 旅游分享行为的前因变量分析：影响移动社交平台旅游分享行为进行的因素包括哪些？旅游者的分享动机是什么？与弱关系网络上的旅游分享相比，这些前因变量是否存在特殊性？② 旅游分享行为的实现过程解析：旅游者是如何通过分享行为在社交媒体上构建他们的旅游体验，这种构建具有什么特性？移动社交平台这种分享媒介能给旅游分享行为及行为结果带来什么影响？③ 旅游分享行为的结果剖析：分享行为会对分享者本身产生什么影响,这种影响是如何发生?分享行为会对浏览者产生什么影响,这种影响是如何发生的?还存在其他影响吗?

本书采用扎根理论研究方法探讨移动社交平台的旅游分享行为。研究对象是通过移动社交平台分享旅游体验的旅游者。书中所指的旅游者是一个更宽泛的概念,包括正处于旅游中或刚结束旅游行为不久的旅游者。研究范围则涉及下列三个主要概念:旅游分享行为、移动社交平台、旅游体验分享者。

1.旅游分享行为

旅游分享行为是旅游者在旅游过程中或旅游行程结束后通过移动社交媒体分享自身旅游体验,并与浏览者就分享内容进行互动的行为。旅游体验主要指分享者的旅游经历,向他人提供信息的攻略也包括在内。

2.移动社交平台

本书中所指的移动社交媒体是基于移动互联网与移动终端的在线社交媒体。移动社交平台则指具体的移动社交媒体类型,如微信、QQ。这种移动社交平台除了具备社交媒体的高度参与性、互动性与超越时空局限性外,还由于其实名制而具备熟人交际性。这种移动社交平台是基于现实人际关系发展起来的社交平台,是一种强关系网络,换言之,本书着重研究强关系网络移动社交平台的旅游分享行为。

3.旅游体验分享者

旅游分享的行为主体是通过移动社交平台进行旅游体验分享的旅游者。正如前文所述,本书采用扎根理论研究方法,所研究的问题是从研究对象中获取的,与研究对象息息相关。由此,本书研究范围的界定也与研究对象所关心的问题密切相关。因此,本研究虽然致力于探讨旅游分享行为全貌,但主要是基于旅游分享者的视角进行的探讨,在具体的研究范围上有所侧重。侧重点包括两方面：其一，探讨移动社交平台旅游分享行为的前因与实现过程；其二，探索旅游分享行为给分享者本身带来的影响。

三、研究意义与研究贡献

（一）研究意义

1.理论意义

第一，拓展旅游分享行为的理论研究。本研究立足于旅游分享者，构建了移动社交平台旅游分享行为的动态过程模型。对旅游分享行为前因、旅游分享行为实现以及旅游分享行为结果三个阶段的具体过程进行诠释。目前旅游学术界，特别是国内旅游学术界对基于现实人际关系的移动社交平台旅游分享行为的关注度还不能匹配这一行为在现实生活中的广泛性与重要性。现有研究主要关注弱关系网络的旅游分享行为，而对具备移动性与强关系特性的移动社交平台的关注较少。在分享结果方面也甚少关注分享行为对分享者本身的影响。书中探讨强关系网络移动社交平台旅游分享行为，既关注旅游行程结束后的分享，也关注行程中的实时分享行为。在分享结果方面则着重讨论了旅游分享行为给旅游者体验带来的影响。

第二，扩展旅游体验理论研究。以往对分享行为影响的研究多关注其信息价值、对潜在旅游者行为决策的影响以及对旅游目的地、旅游企业的营销影响，较少有研究关注分享行为可能给分享者本身，特别是给分享者旅游体验带来的影响。移动社交平台的互动实时性赋予了这种可能性。因此本文关注旅游分享行为对分享者旅游体验的反身性影响，不仅是对旅游分享行为研究领域的补充，也是对旅游体验理论研究的一种扩展。

2.实践意义

由于移动社交平台旅游分享的熟人圈特性与网络空间特性，使得这种分享作为一种旅游口碑在传播上具有极强的影响力。对旅游企业、旅游目的地而言，是机遇也是挑战。因此本研究的实践意义在于能为旅游企业、目的地的经营管理提供重要的参考价值。

第一，通过移动社交平台进行旅游分享已经日益成为一种普遍的现象，旅游目的地与旅游企业应抓住机遇，采取有效措施，借助这一股分享潮流使之成为免费且高效的旅游宣传平台。如全面提升服务质量，积极打造能被旅游者分享的内容等，借由这种旅游分享进行更高效的旅游正面口碑传播。

第二，旅游分享行为的普遍性与重要性也给旅游目的地与旅游企业带来了很大的挑战，特别是如何避免这种分享平台的负面口碑传播，以及如何使目的地所宣传的形象与移动社交平台上所传递的形象一致，从而形成合力提高目的地的营销效果是旅游企业、旅游目的地需要关注的问题。因此旅游目的地在进行形象推广时更应该注重当地的旅游服务质量以及相关旅游设施建设是否能与所推广的形象相符合，从旅游分享的视角审视营销计划与营销效果。

（二）研究贡献

本研究采用扎根理论研究方法对移动社交平台的旅游分享行为进行整合性研究，构建旅游分享行为的动态过程模型。研究贡献主要体现在：首先，通过移动社交平台进行旅游分享已经成为当今旅游者的行为习惯，学术界有必要对此类旅游分享行为进行全面系统的研究，以增益旅游消费者行为的相关理论发展。其次，这类分享行为由于分享媒介的强关系特性与网络空间拓展性，具有很高的用户黏性与口碑传播性，能够影响旅游目的地、旅游企业等服务供给方的营销效果。对这类行为进行深入探讨，不仅有助于对当下旅游消费者行为特征与心理特征的理解，也有助于旅游服务供给方对服务方式与产品质量的改进。

四、研究思路与研究方法

（一）研究思路

本书研究思路可分为五个阶段：

（1）**问题产生阶段**。从社会现象出发，对旅游分享行为领域的研究成果进行回顾梳理，形成本书的研究主题。

（2）**数据资料搜集阶段**。采用目的性抽样与理论抽样方法，通过深度访谈、分享资料收集等方法收集资料并进行整理。

（3）**数据分析阶段**。采用扎根理论的三级编码方式，即开放性编码、主轴性编码与选择性编码，将获取的资料进行概念化、范畴化，建立范畴与范畴之间的关系，提炼核心概念与核心范畴。

（4）**理论建构阶段**。根据数据分析阶段的成果，绘制概念关系图，分析内在的逻辑联系与相关机理，建构旅游分享行为的实质理论模型。并在资料分析与理论建构过程中分析理论是否饱和，未饱和则继续搜集补充相关经验数据直至理论饱和。

（5）**理论修正阶段**。将饱和的理论与现有文献进行比较性研究，通过文献比较的方式进一步修正扎根理论所建构的理论模型，形成普适性更强的形式理论。

（二）研究方法

本研究以扎根理论作为主要研究方法，在第二章将会具体阐述。此外，在研究过程中的资料搜集、数据分析等阶段还采用了下列具体研究方法。

1. 文献分析法

文献分析法是指通过对相关文献的搜集、整理、研究,从而形成对事实科学的认识。通过对与分享行为、旅游体验相关的文献进行认真细致的归纳梳理,为论文开展打下了坚实的理论基础。在文献收集方面,主要通过国内外主要学术研究数据库,阅读相关研究的重要文献与最新研究成果。所使用的数据库包括 SicenceDirect Online（Elsevier）、Web of Knowledge、SpringerLink、EBSCO 全文数据库、PQDD 博士学位论文数据库、CNKI 中国学术期刊系列数据库、万方数据库。其他数据检索手段还包括相关理论书籍、百度、谷歌、维基百科等。

2. 深度访谈法

深度访谈是扎根理论常用的数据搜集方法,可以让研究者获得更多关于研究对象的知识。通过理论抽样方法对旅游分享者进行深度访谈搜集研究数据,并在与研究对象访谈的过程中发现新的研究问题,形成相关的概念与范畴。访谈中以开放性问题为主,让研究对象能表达其真实想法与观点,尽量避免研究者对研究对象产生引导性影响。通过深度访谈获取的大量资料是本文扎根理论的重要经验资料。

3. 内容分析法

内容分析法是一种对传播内容所含的信息量进行客观、系统描述的研究方法,内容分析的过程是层层推理的过程。本研究借助定性分析软件 Nvivo 对受访者的分享资料进行客观、系统的分析,得出具有意义的数据,探讨旅游者如何通过分享行为在移动社交平台上构建他们的旅游体验。

第一章

旅游分享行为的研究概述

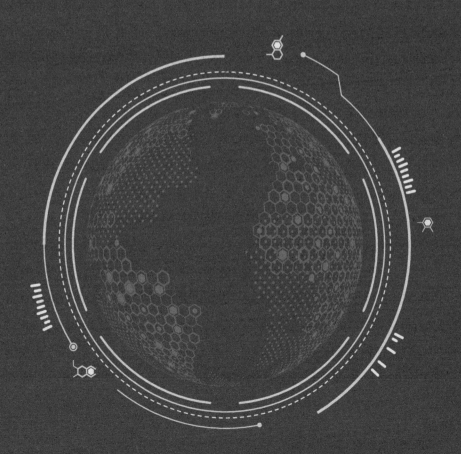

第一节
旅游分享行为：含义、主体、媒介与内容

尽管目前直接从字面上匹配到的关于分享行为的研究尚不多，但它实际上并不是一个全新的研究领域。旅游分享行为是一个整合的概念，包括分享主体、分享媒介、分享内容等多个子领域。许多已有的研究成果，如网络口碑、用户生成内容、虚拟社区、知识共享、社交媒体等都与本书的研究主题相关。因此，本书除了以分享行为作为文献搜索主题，还将网络口碑（eWOM）、在线评论（online review）、消费者生成内容（consumer-generated content）、用户生成内容（user-generated content）、虚拟社区（virtual/online travel communities）、知识共享（knowledge sharing）、社交媒体（social media）等作为文献搜寻线索，以充分了解旅游分享行为这一领域的研究现状。

互联网改变了消费者的行为习惯，信息搜寻、互动、分享等成为消费者行为模式的重要组成部分。互联网时代的到来，促使消费者的行为由传统的AIDMA模式转变为AISAS模式。其中，搜索与分享体现了互联网对人们消费行为习惯的改变，信息的流动不再是卖家向买家的单向传递，主动搜寻信息以及多主体之间的信息流动成为常态。移动互联网的兴起深化了这种常态，用户与企业、用户与用户之间的互动及沟通越发频繁，用户不仅主动感知信息，还成为发布信息的主体。SICAS模式由此产生，用户感知信息（sense）进而产生兴趣并形成互动（interest & interactive），主体之间建立联系并相互沟通（connect & communicate），产生购买行为（action），进行体验分享（share）。基于网络信息的AISAS模式与SICAS模式都以分享作为整个行为的终点，且对分享内容关注不

再仅仅是信息类的也包括了消费体验。消费体验分享在体验经济时代已是非常普遍且重要的现象。博客、维基百科、虚拟社区、社交网站等社交媒体的发展给消费者创造了一个提高话语权的消费环境，当消费者意识到自己愈发能够控制价值链环境时，他们渴望证明自己能力的欲望得到满足（韩小芸等，2011），从而促使他们越来越多地通过社交媒体分享消费信息与消费体验。比较经典的如虚拟社区的发展，互联网的出现促使全世界的虚拟社区激增，越来越多的人加入各种主题的虚拟社区，虚拟社区成员的参与行为成为学术界的研究焦点。每个个体都以不同的方式参与社区活动，有些人为了寻求信息帮助，有些人则渴望向社区其他成员分享自己的知识。这些需求促成了虚拟社区发帖、浏览帖子等行为。随着互联网技术的发展，虚拟社区成员的参与行为进一步扩展，涵盖了浏览、跟帖、发帖、发表图片、发站内信、发布或参加投票、上传文件、音频视频共享、建设个人空间等活动。

旅游消费者行为作为消费者行为学的一个重要子集，分享旅游体验更是十分普遍的行为，甚至成为青年一代不可或缺的行为习惯之一。互联网与社交媒体的飞速发展，特别是移动技术与应用的快速兴起为旅游者的分享行为提供了广阔的舞台。正如Schwabe和Prestipino（2005）所指出的，旅行前交换旅游信息、旅行后分享旅游经历的方式极大地影响了青年一代的旅游行为，网络旅游虚拟社区已经成为他们旅游行程的必要组成部分。

一、旅游分享行为的含义

1.知识共享

旅游分享的本质是知识共享行为。旅游者分享旅游信息、旅游体验、经验的行为事实上是知识共享的一种表现方式。在阐释旅游者分享行为的含义之前，有必要说明什么是知识共享以从中析出旅游分享行为的要素。学术界对知识共享的界定颇有争议。如Usoro等（2007）认为知识共享是一种沟通交流的过程，在这一过程中，两个或两个以上参与者就提供与获取知识进行沟通交流。一些学者则认为知识分享是一种输送/传送行为，通过这个行为人们从他人那里获得知识（Bock et al., 2005; Ryu, Ho & Han, 2003）。此外，有学者从知识共享的转化过程理解知识共享行为。Hendriks（1999）认为，知识拥有者通过编码、展示及描述将知识具体化、外部化；与此同时，知识重构者通过学习、阅读及解释内部化知识、吸收知识。也有学者直接从交换理论的视角来解释知识共享。在此种观点中，知识共享被认为是一种交换，个体通过提供个人经验和知识以获得经济和社会利益。虽然对知识共享的定义并没有统一的结论，但从多种定义中不难看出知识共享的一些要素。第一，就行为主体而言，应该包括两个或两个参与者，这保证了共享过程的互动性。第二，就过程而言，知识共享是一个沟通交流过程，在沟通交流中必然发生行为主体的交互或互动。当知识拥有者进行分享时，知识接收者必然通过学习阅读等行为与其有所交集，甚至通过咨询、讨论等行为与其产生互动。第三，就行为结果而言，它促成了知识在不同个体/团体之间的传输，知识分享者还可能因此获得经济或社会利益。知识共享行为所包含的这些要素事实上也是旅游者分享行为所具备的，因此对旅游者分享行为的界定应考虑这些要素以确保对其含义的全面理解。

2.旅游分享行为

传统媒体时代，由于传播技术的局限性，旅游者大部分是在行程结束后通过照片或赠送纪念品、当地特产等方式向熟人叙说其旅游经历或者向熟人提供有用的旅游信息。随着网络的普及与社交媒体的广泛使用，旅游者——特别是中青年旅游者通过各种社交媒体进行旅游分享。并且，旅游者可以在旅游过程中也可以在旅游结束后进行分享。总体而言，旅游者的分享主要包括两种内容：一是与旅游地信息相关的知识性分享；

二是与旅游者自身旅游体验相关的情感性分享。

其一，信息类内容分享。目前学术界对信息类内容的分享行为给予了不少的关注，也取得了丰硕的成果，这些成果大部分集中在旅游虚拟社区研究领域。互联网的出现推动了虚拟空间用户的互动与知识共享行为，各行各业的使用者加入虚拟社区分享他们的知识，虚拟空间成了知识的仓库。通过这些虚拟社区，成员可以分享他们的意见以及搜寻信息。信息分享是虚拟社区基本行为之一，信息包括意见、建议以及对他人所提问题的回答等。信息分享不是单方的，它包括在各个团体里的信息交换。此外，信息分享在网络社区完全是一种自愿行为。已有研究表明，这种自愿行为取决于个体的"亲社会"态度以及组织的所有权规范。

其二，体验类内容分享。通过社交媒体分享的不仅仅是知识，还包括旅游体验。旅游体验可以被定义为："个体对与其旅游活动开始前、过程中、结束后相关事件的主观评估和感受"（Tung & Ritchie，2011）。体验是个人的，并取决于个体如何感知特定的旅游地与产品（如旅游目的地、旅游吸引物，住宿等）（Munar & Jacobsen，2014）。旅游体验分享不仅包括诸如度假产品特性（价格、天气状况、其他吸引物）等知识方面的分享，也包括在网上通过照片、表情符号、言语等方式表达对度假产品特征的情感、想象和幻想等（Baym，2010）。社交媒体不仅为旅游体验中的旅游产品、意义传播提供了新的渠道，也为旅游者的情感传递提供了平台。如Ito（2005）对日本青年的调查发现，他们通过手机传送照片来分享彼此的情感体验。

虽然本书为了论述方便将分享内容分为两种类型进行阐述，但在实际分享行为中，分享内容并非限定于某种类型。相反地，分享内容可以包括整个行程记录也可以是突出部分行程，可以是单纯的描述自身旅游经历，也可以是向他人提供信息的旅游攻略，还可以是两者兼而有之。并且，不同的分享内容有不同的表现形式。与信息相关的分享一般通过文本形式进行（如博客或评论类），而与体验相关的分享更多通过在网络上创建和分享音频或视频类的内容来实现；通过手机发送的照片或短片则被看作是一种新式的明信片。其中，视频类内容的创建者更经常是为了乐趣，而发布文本类内容的旅游者主要是为了传递信息（Stoeckl，Rohrmeier & Hess，2007）。

根据文献梳理，本研究将旅游分享行为界定为：旅游者在旅游过程中或旅游结束后通过某种或多种社交媒体平台展示自己的旅游体验或向他人提供与旅游目的地相关的信息，并与浏览者产生互动的行为。这种行为同时对分享者与浏览者产生影响。更具体地说，旅游分享行为包含以下4个方面：

① 分享行为主体。特指正在进行旅游活动或已经结束旅游活动的旅游者。他们在旅游过程中或旅游结束后进行分享行为，并就分享内容与浏览者产生互动。

② 分享内容。正如前文所述，可以包括整个行程记录也可以是突出部分行程，可以是单纯的描述自身旅游经历，也可以是向他人提供信息的旅游攻略，还可以是两者兼而有之。

③ 分享媒介。本研究特指基于现实人际关系发展起来的移动社交平台。

④ 分享过程与结果。强调分享行为过程中分享者与他人的互动性，即展示旅游经历与提供信息等行为都不是单方的，而是双方行为甚至多方行为，且他们会就分享者的经历或信息进行沟通交流从而达成互动。就结果而言，正如知识分享促成了知识在不同个体/团体之间的传输，旅游分享行为也能达到此种效果。例如，其他人（特别是潜在旅游者）吸取了分享者提供的信息、经验并借此制订自己的旅行计划；而分享者通过分享行为也可能获得非物质上的收益，如分享互动带来的愉悦感。

二、分享行为主体研究

对分享行为主体的研究主要集中在两个方面：主体分享前因研究与

主体身份特征研究。

1.主体分享前因研究

分享前因包括旅游者分享的动机与影响因素。

（1）促进分享的积极动机　动机对通过社交媒体分享信息、知识或经验的行为有很大影响。个人动机来自于个体为实现某种目标而产生的一系列需求。根据Wang Youcheng等（2002，2004）学者的研究，旅游虚拟社区成员存在四种基本需求：功能性需求、社会需求、心理需求与享乐需求。功能性需求是指为完成某种具体活动而参与到特定社区中；社会需求是通过建立信任、形成联系、互动沟通等与其他成员形成社会关系；心理需求包括社区归属感、社区认同等；享乐需求主要针对成员在虚拟社区参与过程中的享乐体验。此外，Gretzel和Yoo（2008）通过观察旅游评论撰写这一行为发现了自我提升需求。从学者们的研究成果不难发现，虽然主体的需求是变化且不断深化的，但基本上反映了两种类型的需求，即与自我相关的需求和与社会相关的需求。相应的，来源于需求的个体动机也包括自我相关的动机和社会相关的动机。因此，对社交媒体分享行为的研究区分了个人相关和集体相关期望（Hsu et al.，2007）。与个人相关的期望容易导致自我中心型的动机，即与自我相关的动机；与集体相关的期望则容易产生与社会相关的动机。

① 与自我相关的动机。与自我相关的动机包括信息需求、自我发现需求、享乐需求等。其中信息需求来自用户从虚拟社区中获取知识和分享信息的需求；自我发现需求则是一种基于个人身份形成的需求而产生的内在动机。享乐需求是旅游者进行分享行为的重要动机，Gretzel和Yoo（2008）指出评论撰写者的三种动机之一是享乐需求；Yoo和Gretzel（2011）的研究也发现美国游客作为UGC生产者，大部分受利他和享乐动机的影响，享乐动机意味着更高的社区参与行为。与自我相关的动机还包括获得尊重和认可，增强社会联系，强化自尊，享受线上活动带来

的愉悦以及增强合作等（Baym，2010；Gretzel & Yoo，2008）。

此外，Chang和Chuang（2011）指出，一些与自我相关的动机和维持/提高社会资本（以社会互动、信任、身份认同、互惠等形式存在）有关。不少学者将个人动机与社会资本结合起来探讨其对知识共享行为的影响。Wasko等（2005）从个人动机与社会资本两个角度分析电子实践社区中个人动机和社会资本对知识贡献的影响，个人动机包括声誉和乐于助人，社会资本变量主要包括中心性、承诺、互惠等因素；类似地，张鼐等人（2012）探索了虚拟社区社会资本和个人动机的影响，其中社会资本包括结构性、联系性、认知性三个维度，个人动机包括个人声望与利他精神。人们在社会网络中共享自己的专业知识获得别人的认同，个人声望得到提高，个人声望的提高进一步促进其共享知识的意愿。Park等人（2014）同样验证了个人声望在知识共享中的作用。拥有较好的网上活动经验，经常参与虚拟社区活动的用户一般都具有较强的意愿参与知识共享（Chen et al.，2009）。值得注意的是，虽然诸如声望、社会地位等社会认可对旅游者分享有很大的促进作用，但不同的旅游者对其的重视程度并不一样。Munar和Jacobsen（2014）对斯堪的纳维亚人的研究发现，尽管在社交媒体网站上有内嵌的奖励系统与排行功能让旅游者炫耀他们的旅行专长，但日益重要的社会认可对他们来说并不是一个普遍的分享动机，只有10%的被试者承认分享体验是为了获得社会认可。

② 与社会相关的动机。与社会相关的动机主要来源于个人的一系列社会需求，这些需求可以追溯到个人把自己看作是组织成员一分子这一需求。因此，与社会相关的动机大部分与乐于助人、利他精神有关，如帮一个社区达成它的目标或继续运营（Hsu et al.，2007）。旅游者撰写评论的动机包括帮助旅游提供商或帮助其他旅游者最小化决策风险（Gretzel&Yoo，2008；Munar & Jacobsen，2014；Wu & Pearce，2016）。总而言之，虚拟社区相关研究识别了与社会规范、利益、目标等有关的共享参考框架，通过分享旅游经历，旅游者表现出一定的利他行为。值

得一提的是，社会相关的期望通常与自我相关的期望相联系。如，在网上帮助他人可能会给分享者带来一种自我效能感，被认为好的资源提供者也可能提高个人在团体里的地位。

（2）影响旅游分享的因素　影响旅游分享的因素可细分为人格特质与个体认知两个方面。

首先，人格特质方面的研究。虽然自我相关动机与社会相关动机具有较强的解释力，但从根源上讲，一个人的行为与其人格特质息息相关。自我相关与社会相关的动机均可能与人格特质有关，因此，对动机的研究不能忽视人格特质的作用。相关研究已经证实了人格特质对知识共享的影响，例如Matzler等人（2008）考察了令人愉快、责任感以及开放性三种人格特质在知识共享中的影响，结果表明这三种人格特质都正向影响着知识分享行为。Walsh等人（2004）则提出了集中人格特性，指出有责任分享信息、乐于助人、喜欢交际的消费者偏好进行口碑传播。就旅游分享而言，人格特征也是影响旅游分享与否的重要因素（Yoo & Gretzel，2011），如外向和开放型人格的旅游者更愿意撰写旅游博客。

其次，个体认知方面的研究。知识共享行为受到自我效能、感知关系、互惠规范、信任等个人和环境的多要素影响（Chen & Huang，2010）。其中，自我效能是构成个体能力（制定决策并采取行动应对未来状况的能力）的重要部分。自我效能与预期结果相互作用影响着个体认知，从而影响个体行为。就通过社交媒体进行体验分享的旅游者而言，自我效能主要指旅游者使用社交媒体的能力。相关研究表明，除了性别、年龄、收入、国籍、教育等人口特征（Gretzel & Yoo，2008；Wang & Fesenmaier，2003；Yoo & Gretzel，2011）会影响社交媒体的使用外，用户使用电子设备的能力也是一个重要因素（贾衍菊，2017）。Hsu等人（2007）的研究表明，对使用电子媒介的自我效能持有高感知水平的旅游者倾向于积极的行为结果预期；反之，则倾向于消极的结果预期。对行为结果的预期反过来影响个体行为,因此,在用户有能力使用社交媒体的基础上(即自我效能水平足够),对分享行为所导致结果的预期影响着旅游者的体验分享。通常,当结果超出知识分享的代价或者结果一如预期,那么旅游者会倾向于参与分享。

(3)**阻碍分享的消极动机** 虽然有不少因素推动着分享行为的进行,但并不是所有人都愿意在网络上分享旅游经历或旅游信息。发布信息的成本以及对提供信息的担忧使得网络上对信息的消费比信息的分享更多。事实上虚拟社区里最常见的角色是所谓的"潜水者",他们只浏览别人发布的帖子却不发布任何信息。可以说,潜水是弱关系网络中一种常见的消极参与,许多虚拟社区都属于弱关系网络。潜水这种消极参与行为并不利于虚拟社区的发展,因此在考察促进分享行为动机的同时,学者们也探讨了阻碍分享的因素。

与提高声望相对的,害怕丢面子损害声望是妨碍分享行为的重要原因(Ardichvili et al.,2006;Usoro et al.,2007)。怕丢面子的人担心他们所分享的信息可能不准确或他们的贡献可能不重要,从而阻碍了他们的分享积极性。Chang和Chuang(2011)也指出,如果分享者分享的内容不可靠那么他们的声望可能会受到影响,因此如果没有回报来补偿分享者的代价,他们的分享意愿就会降低。时间成本、担心个人隐私泄露以及组织归属感低也是他们"潜水"的主要原因(Preece,Nonnecke & Andrews,2004;Stoeckl,Rohrmeier & Hess,2007)。此外,成为社区成员时间不够久也是其中一个原因,社区成员是从观察者一步一步发展成为积极成员的。当有新成员加入虚拟社区时,他们更多的是先观察社区的相关活动,然后随着他们访问次数及观察行为的增多逐渐转变成积极参与交流的社区成员。当参与行为越来越多时,参与行为会正向影响用户对虚拟旅游社区的归属感,从而促成信息、知识分享(Qu & Lee,2011)。类似的,Wang和Fesenmaier(2004)的研究也表明,随着成员关系的发展,社区成员的主要关注点会从搜寻信息转移到提供信息。他们开始积极地回答问题、分享体验以及向他人提供情感支持。

2.主体的身份特征

分享行为主体的身份特征也是学术界关注的重点，什么样的人会参与到分享行为中来，他们具有什么样的身份特征，不同的身份特征对分享内容有什么样的影响，都是学术界关心的课题。

Jensen（2008）对Virtual Tourist社区的研究发现，分享帖的受欢迎程度与其撰写者的旅游体验密切相关，且撰写者要具备审美观与丰富情感。Lee等人（2011）对Tripadvisor社区评论发布者身份特征的分析也发现，有价值评论的发布者通常是那些旅游经历丰富、积极参与评论的社区成员。类似的，Liu和Park（2015）的研究也表明评论发布者的声誉及对自我信息的揭露影响着评论的有用性。此外，这些成员的年龄、性别不存在规律性，即人口统计特征不影响评论的有用性（Lee et al.，2011）。虽然人口统计特征不影响分享内容的有用性，然而年龄、教育程度与收入水平却显著影响着旅游者的分享意愿。Rong等人（2012）的研究发现教育程度与收入水平更高的人更乐意分享旅游体验与搜寻旅游信息。此外，年轻一代更容易受用户生成内容影响，年轻人比老年人更喜欢在网上搜寻旅游信息、分享旅游体验（Rong et al.，2012）；他们更愿意在自己的社交平台分享用户生成内容，而不是在有商业性供应商介入的网站上分享（Murphy，Gil & Schegg，2010）。

Arsal等人（2010）分析了旅游虚拟社区成员类型及其所发布的用户生成内容对他人旅游决策的影响。根据分享帖中所表达出来的与旅游目的地相关信息识别出四种类型的社区成员：一是经验丰富的旅游者（分享帖中提及他们到过该旅游目的地），他们在交通、货币、地方安全、行程计划、目的地信息等方面对浏览者有较强的影响力；二是目的地居民（分享帖指出他们住在该目的地），他们在餐饮、住宿方面更有影响力；三是潜在旅游者（分享帖中表达了他们想去该目的地）；四是未知成员

（没有体现出对目的地的熟悉与否或者表达出相应的旅游愿望）。潜在旅游者与未知成员属于被前两种成员影响的群体。

学术界不仅研究虚拟社区成员真实的身份特征，也关注他们的虚拟身份。相关研究表明，虚拟社区成员通过与其他成员在兴趣爱好上的积极互动而获得强有力的"虚拟身份"认同，社区成员的参与行为及互动对他们自身的生活产生了显著影响，他们成了如同家人、朋友一样的参考组（Preece，Maloney-Krichmar & Abras，2003）。

3.文献述评与研究问题析出

首先，动机与需求是相联系的，动机来自需求。需求是个体感到某种缺乏而力求获得满足的心理倾向，它是有机体自身和外部生活条件的要求在头脑中的反映。促进分享行为的动机来源于个体的需求，在动机驱使下完成分享行为满足相应的需求；类似地，抑制分享的动机同样来自需求，区别在于在该动机的驱使下完成某种活动将无法满足需求。

如果从需求的角度来看体验分享这一行为，动机在某种程度上是由需求走向满足的一种途径。当通过完成这一行为而获得了个体预期的结果，迎合了个体的需求，那么个体将更加满足，对旅游体验的感受也可能更加深入，从而强化旅游体验。因此，在分析分享行为对旅游体验的影响途径时，有必要考虑个体的分享动机。

其次，从现有研究看，对分享行为主体动机（包括积极动机与消极动机）的研究更多的是集中在各种虚拟网络社区。然而，大多数网络社区属于弱联系的关系网络，在这样的关系网络中成员之间的情感联系不多，且几乎没有面对面的联系。而本书更关注基于现实人际关系的媒介平台上的分享，这些平台相对于虚拟社区而言属于强关系的网络。网络环境与现实环境的差异性，可能会导致动机在不同环境下有所差异。因此，本书也将对分享者的分享动机进行探讨，以解析在强关系网络里的分享动机与弱关系网络里的分享动机是否有所区别。

三、分享行为媒介研究

通过向其他人分享自己的旅游经历从而在社会地位、个人声望等方面得到肯定是多数旅游者的共识,由此促成了旅游分享行为的普遍性与广泛性。随着传播技术的不断发展,旅游分享行为也由口口相传、信件(明信片)传播、电子传播逐步演化为如今的网络传播。传播技术的进步改变了分享行为的媒介,进而改变了分享内容、分享模式等。关注分享行为的媒介是研究分享行为不可或缺的一部分,对媒介特性的清楚认识有利于更好地理解旅游分享行为。本书研究基于现实人际关系延伸的移动社交平台上的旅游分享行为,移动社交平台是社交媒体的子领域,因此本节主要从起源、定义、类型、特性等方面梳理社交媒体与移动社交媒体的相关研究。

1. 社交媒体的起源与定义

(1)起源 "social media❶"一词出现在20世纪90年代,2008年开始在全球流行起来。社交媒体起源于以互联网为载体的新媒体,媒体的新与旧是相对于其出现的时间而定。根据出现时间的先后,媒体可分为三种类型(Levinson,2011)。第一类称为"旧媒体",包括电视、报纸和杂志。这种类型的媒体是一种由上而下的控制性做法,他们由专业人士制造与管理。第二类是"新媒体",包括邮件、网站、在线留言板、网络聊天室等。由于互联网技术,"新媒体"在时间和空间上超越了"旧媒体"。第三类是"新新媒体",即社交媒体,包括博客、微博、维基、照片分享

---

❶ 对于social media的翻译目前有多种方式,社会化媒体、社会性媒体、社交媒体等。前两个翻译方式强调social media的社会影响,"社交媒体"的翻译方式则更关注这一类型媒介在社会交往方面的撰写、分享、交流、沟通、传播等特点,更符合本书的研究主旨,因此本书将之译为"社交媒体"。

网站、视频分享网站、网络论坛、社交网站、互联网社区等。在社交媒体中，用户通过分享链接或故事积极地参与到内容的生产中，甚至可以成为自媒体；而在传统媒体中，人们所能接触到的信息一般都是由掌握着信息流的编辑决定的，人们被动地接收这些信息。

社交媒体最早的雏形是虚拟社区，因此，旅游学术界对社交媒体的关注几乎都是从旅游虚拟社区开始的。随着网络技术的进步，社交网络应运而生。社交网络为人们提供了一个网络空间，人们可以在空间内上传照片/视频、写日志，并且可以通过"熟人的熟人"寻找其他用户，扩大社交圈。社交网络里相互关注的用户可以随时且实时的阅读对方的更新信息。虚拟社区与社交网络都具有聚集性和社交性，两者都属于自媒体。自媒体是指普通大众经由数字科技强化、与全球知识体系相连之后，一种开始理解普通大众如何提供和分享他们本身的事实、他们本身的新闻的传播途径（Bowman & Willis，2003）。自媒体使大众由"旁观者"变成"当事人"，自主地创造属于自己的内容，经由网络传播出去，形成了自己的社会化网络。

（2）定义　虽然学术界对社交媒体的研究日益增多，但仍缺乏对其定义的统一界定。目前主要存在两种观点：一是将社交媒体视为基于互联网的技术平台，这也是主流的观点；二是将其看作是一种网络服务。

大部分学者从技术平台的视角来界定社交媒体。Mayfield（2008）在《What is Social Media》一书中将社交媒体定义为：一种给予用户极大参与空间的新型在线媒体。该定义强调社交媒体的用户参与性，指出了社交媒体的核心。Mayfield认为，社交媒体是人们对工具、平台的统称，借助这个平台，人们可以自由地分享意见、经验、观点。Kaplan和Haenlein（2010）则定义社交媒体为：一组让人们在虚拟网络中创造、分享、交换信息的应用平台。他们认为，社交媒体是一种网络应用，该应用的内容产生方式是用户生成内容；同时，该应用建立在Web2.0基础上，可以让用户传播并与他人交流自己的内容。林恒（2013）认为，社交媒体指的是提供给人们编写、评论、分享、讨论与互动的网络技术与网络平台。基于以上定义，社交媒体最大的特点是以用户社交网络为基础，让每个用户能够根据自身的喜好创建内容，并以多种形式呈现，包括文本、音频、视频、图片等，进而实现人人深度参与信息的创造与传播。

也有一部分学者从网络服务的视角定义社交媒体。如Abrahams等人（2013）认为，社交媒体是一系列提供分散式的用户层面的内容创作、社会互动以及公开性的成员关系的网络服务。类似的，Kim等人（2010）认为社交媒体是赋予个体创造、分享、搜寻内容以及与他人交流合作的互联网服务。社交媒体具有七个功能区块，包括身份、对话、分享、在场、关系、声望与群组（Kietzmann et al., 2011），它让用户从消极的内容浏览者转变为内容生产者。随着个体分享意见、观点、知识以及其他内容，他们同时也在和其他有类似需要、兴趣或问题的个体创建并维持联系。

（3）述评　虽然社交媒体的定义存在不同的界定视角与叙述方式，但从这些定义中不难看出其中的共同点。首先，社交媒体是一系列基于互联网的技术平台，它包含着多种让消费者能够在网上进行浏览、撰写、发布网络日志、添加标签等行为的技术应用。其次，正是它所包含的各种应用以及基于互联网的特性，将消费者的角色从信息的被动接收者转变成信息的主动创作者，让参与、互动、分享成为社交媒体行为的重要组成部分。最后，用户的参与、互动、分享进而推动了虚拟社区成员之间关系的建立与维持，群组得以建立并发展。在这样的关系互动中，成员的虚拟/真实身份得到认可，声望也在各种参与行为中得到提升。由此，本研究认同社交媒体为一系列基于互联网的技术应用平台，在这个平台上人们可以创作并分享与某个主题或兴趣相关的内容，与他人进行交流互动，形成虚拟关系群组。

此外，这些通过社交媒体创造出来的内容包括各种各样的在线信息资源，这些资源被消费者创造、传播、使用，以让每个人都了解相关产品、服务、问题等信息。特别是在旅游业，通过社交媒体分享旅游体验、信息已然成为一种行为习惯。越来越多的旅行者接触到这一集体性智慧，这不仅会对旅游企业和旅游目的地的市场营销产生很大挑战，也会对旅游者的体验产生影响，这也是本研究的主要内容之一。

2. 社交媒体类型

社交媒体有多种类型，目前对社交媒体所包含的网络应用并没有正式统一的类型划分。如有学者将社交媒体分为五个类别：博客（Blogs）、社交网站（SNS，如Facebook和Google+）、内容社区（content communities，如YouTube和维基百科）、电子网络论坛（e-Forums）以及内容聚合类（content aggregators）。也有学者认为社交媒体包括一系列广泛的网络口碑论坛，如博客、公司主办的论坛、产品或服务评级网站、互联网论坛、包含数字音频、图片、电影和照片的网站以及社交网站等。Abrahams等人（2013）则对社交媒体进行了更为细致的分类，包括公共论坛、公共邮件列表、维基、虚拟社区（社交网站）、公共新闻组、用户的产品评论、游客评论、用户贡献的新闻文章、博客、分众分类等。

我国常见的社交媒体平台包括论坛、博客、微博、社交网站、维基类、视频类、点评类社区、内容社区以及即时通信类应用等。就弱关系平台而言，博客是众多旅游者进行旅游体验分享的平台，也是人们形成目的地印象与获取旅游信息的重要来源，以及制定旅行决策的重要参考。通过博客，旅游者可以分享旅游体验，潜在旅游者也能搜寻并回应别人的体验（Chen，Shang & Li，2014）。相对来说，旅游博客是一种收集丰富、真实、自发的目的地旅游体验反馈的有效且低成本的分享方式；同时能帮助管理者和市场营销者更好地理解游客对旅游目的地的态度。随着移动互联网的发展，用户步入了时间碎片化、信息碎片化的时代，用户随时随地获取信息、分享信息的需求越来越强烈，即时通信类逐渐成为当下的主要沟通平台，如通过微信、QQ这类强关系社交平台进行交流是满足用户分享需求的重要方式。

3.社交媒体特性

社交媒体具有以下特性：参与性、互动性以及超越时空局限性。

（1）**参与性高** 社交媒体具有高度参与性，它激发了用户主动搜寻或分享信息的热情（林恒，2013）。信息接收者转被动为主动，根据自己的兴趣定制感兴趣的内容，还可以在社交媒体自主发布内容。这样的媒体属性保障了用户的高度参与性。用户不仅是内容的评论反馈者，也是内容的创造者，并且这两种身份可以随时进行转变。社交媒体的出现打破了传统媒体的格局，推动了互联网向开放式的信息协作网络的变革（吴小坤，2011）。

（2）**互动性强** 传统媒体采取的是"播出"的形式，内容由媒体向用户传播，单向流动。而社交媒体的优势在于，内容在媒体和用户之间双向传播，从而实现交流互动。当用户接收到信息时，可以对其进行编辑和加工，并且通过自身的关系网络传播给好友；当另一用户接收到信息后，可以与之进行探讨，用户与用户之间的互动性增强。此外，对以社会关系网络为基础的社交网络来说，社交媒体具有较强的社交特征，这种基于现实或者基于信息纽带的社交特征，进一步加强了社交媒体的互动性。

（3）**超越时空局限性** 互联网彻底地改变了社会互动的范围、边界以及互动机制，它为个体不受时空限制地进行沟通交流提供了平台（Chang & Chuang，2011）。基于互联网技术发展的社交媒体同样不存在时空局限性。

从时间角度看，社交媒体实现了用户之间互动交流的实时性。通过各种移动设备（如智能手机），用户可以在任何时间段浏览、搜寻信息或创造、传播相关内容。这种实时性对分享行为大有裨益。可以说，新媒体与移动技术的发展增强了实时分享体验与同步交流的可能性，旅游者能于不同的时间维度在网络上创造并分享他们的旅游经历。

从空间角度看,社交媒体以其信息化特征改变了传统物质性地点的局限性。它通过创造一个虚拟空间将用户聚合在一起就某些话题进行讨论、交流、分享彼此的意见、建议、经验等。用户不再需要真实在场,通过相关设施设备(互联网、电脑、手机、各种社交媒体应用平台等),可以轻易地实现虚拟性在场。研究表明,即使旅游者在外旅游,他们通过发短信、传照片/视频、发邮件或在网站上发布信息等行为可以获得一种与家里实时互动的感觉(White & White, 2007)。

4.移动社交媒体及其特性

移动社交媒体是基于移动互联网与移动终端的在线社交媒体,在移动终端上人们可以更加及时地获取信息、分享信息、进行社会交往。本书所研究的移动社交媒体特指以实名制交往为主的强关系网络平台,如微信、QQ。它们除了具有社交媒体的高度参与性、互动性与超越时空局限性,还具备熟人交际性与强时效性。

(1)熟人交际性 多数虚拟社区、论坛均是采用匿名交友的方式,社交主体之间互不认识也不需见过面,构建的是一个匿名的虚拟社交圈。而移动社交媒体更加强调基于用户真实信息建立的人际网络。这种基于实名制建立的网络比起虚拟社交圈更有信用保障,也更具黏性,它将碎片化的用户以更稳固的关系链串联起来,更利于互动交流的开展。移动社交媒体的熟人交际性正是基于这种实名制而获得的。诸如微信、QQ等移动社交平台的关系网络几乎都是从熟人交际圈发展起来的,往往是在现实人际交往中有过互动的个体。通过移动社交媒体的使用,熟人之间的互动性增强,其情感黏性在各类社交媒体中是最大的,属于人际交往的强关系链。当然这并不代表移动社交上不存在弱关系链。多数移动社交应用软件都会提供基于地理位置的"搜索附近好友"或"摇一摇"功能,从而在熟人交际的基础上可以向外拓展交际圈。

总体而言，移动社交媒体大部分是以熟人交际为主，同时提供向陌生人拓展社交领域的可能性。微信、QQ 的发展也从初期的强关系社交发展成包括亲密朋友、同事、关系疏远的朋友等在内的强关系与弱关系网络并存的社交媒体，但其内在社交属性强于评论类网站。虽然强弱关系并没有统一的划分标准，但普遍被认可的是强关系在情感交流上更有影响力，弱关系则更能体现认知或信息方面的影响。换言之，强关系社交媒体更重视情感的联结与互动，其次才是信息的传播；弱关系网络则相反。本书认为就社交媒体上的社会关系而言，实名制（特别是基于线下人际关系发展的）、双向互动以及强调情感联结（而非信息传播）是强关系网络的重要判断维度，这些也是"朋友和家人"这类强关系网络所体现的特征。基于此，博客、微博、评论类网站、虚拟社区等均属于弱关系网络，微信、QQ、Facebook 则属于强关系网络。

（2）**强时效性**　移动社交媒体的传播有赖于移动终端的迅速发展，智能手机等移动设备的普及不仅为信息传播提供了有效的渠道，也极大地增强了信息传播的时效性。智能手机、平板电脑等移动终端的可随身携带性给信息传播带来了极大的便捷性，用户可以随时随地获取或分享信息。这种超强的时效性让用户之间的互动交流真正实现了超越时空局限性，实现了虚拟与现实的无缝对接。

5. 社交媒体对旅游分享行为的影响

互联网从根本上重塑了旅游相关信息的散布形式以及人们计划消费旅游产品的方式。社交媒体更是影响着旅游的方方面面，特别是在信息搜寻、决策行为以及通过社交媒体与其他消费者进行互动、分享度假体验等方面。

首先，社交媒体的使用为旅游者分享旅游体验提供了便捷的平台，为旅游者节省了时间与成本。Wang 和 Fesenmaier（2004）指出，个体在对待信息与沟通技术时有所不同，一些希望通过这些技术的使用获得愉悦和娱乐，另一些则更多与技术带来的效率与效果有关，如在计划假期或分享假期体验上能够节省时间和成本。

其次，社交媒体的使用推动了旅游分享行为的进行。新媒体通过各种内嵌的奖励系统或排行榜激发用户的分享行为，鼓励他们发布高质量的内容，将使用者由被动的受众转变成积极的创造者。正如Munar（2010）所指出的，社交媒体技术更倾向于鼓励人们进行分享而不是关注用户隐私或者控制用户分享的内容。

最后，社交媒体通过分享行为影响着旅游者的旅游体验。博客、虚拟社区、维基百科、社交网络、YouTube、Flickr等社交媒体网站协助消费者发布、分享他们的旅游评论、意见以及个人经历，他们所分享的内容进一步成为服务其他人的信息。与此同时，随着旅游者使用社交媒体描绘、重建、重温他们的旅行经历，互联网也不断地更新着他们的旅游体验。旅游者通过社交媒体进行分享不仅能创造有意义的旅游体验（Wang, Park & Fesenmaier, 2012），也能通过旅行后分享积极经历提升旅游者的积极体验，减少消极体验，从而促成更积极的总体评价（Kim & Fesenmaier, 2017）。此外，在社交媒体上分享旅游照片有利于旅游者和朋友交流，进而维系并促进社会关系（Munar & Jacobsen, 2014），在这个过程中，移动设备起着重要作用。研究表明，使用智能手机与外界分享实时感受能增强游客从休闲体验中获得价值，提高自尊感，加强与朋友的关系，提升整体休闲体验（Kirova & Thanh, 2019）。

文献述评：从上述文献梳理可以看出，社交媒体的参与性、互动性与超越时空局限性等特征让它成为旅游者分享体验的最佳平台。特别是QQ、微信等移动社交应用的广泛使用让旅游者在整个旅游过程的前中后都可以分享与旅游相关的信息、感受等。在记录与分享的过程中，旅游者重温着自己的旅行。通过自我的感受升华与他人的互动讨论，不断调节着已获得的体验水平或层次。这也是本书将分享行为限定为通过移动社交媒体进行分享的主要原因,这种类型的平台熟人交际性与超强时效性能更强烈地影响旅游体验。因此,在分享媒介的选择上,将其界定为具有实时分享反馈功能且兼具移动性能的移动社交媒体,包括微信、QQ等。

四、分享行为内容研究

用户发布的帖子、撰写的评论、上传的视频等,称之为用户生成内容(user generated content,UGC)。学术界对旅游者用户生成内容的研究主要集中在两个方面:一是用户生成内容的信息价值;二是用户生成内容的影响。

(一)用户生成内容及其信息价值

1.用户生成内容

互联网与社交媒体的发展,让用户由以前的被动接受信息转变成积极的创作者。他们所创作出来的内容是事实、观点、印象和情感的混合物,以及有依据或没依据的趣闻、体验甚至传闻。很长一段时间用户生成内容的概念被认为与网络口碑(eWoM)的概念类似,因此被互换使用。虽然这两个概念有相似之处,但用户生成内容不同于网络口碑。UGC与eWoM反映了消费者主导的营销交流渠道,都是非商业倾向的。两者的区别在于:内容是被用户创作出来还是仅仅被传播开来。用户生成内容是被创作出来的,具有原创性;而网络口碑指那些被用户传播开来的内容,也包括对专业创作内容的传播。目前大部分针对用户生成内容的研究都是基于将它视为口碑交流的一种形式,探索其非商业性质对可信度的影响,以及进而对消费者决策行为的影响。

2.信息价值

Web2.0应用的快速发展推动了各种酒店、旅游目的地、旅游服务等领域的用户生成内容的产生。相应的，越来越多的旅游者通过互联网制订旅行计划。然而，网络信息海量存在、信息来源多种多样，经常导致信息超载。相关研究表明来自亲人朋友的口碑对决策行为有重要影响，而社交媒体给这种口碑相传带来了更多的机会。通过社交媒体，旅游者既是信息寻求者也是信息提供者。旅游者根据自己的亲身经历提供的信息、分享的体验，成为其他旅游者的可靠信息源。

相对于一些往往带有宣传偏向的门户网站信息，来源于旅游者分享的用户生成内容（UGC）更具价值。UGC信息具有即时性、完整性、个性化（Schwabe & Prestipino，2005）以及客观性、有效性（O'Connor，2008），能让信息搜寻者通过阅读游记、评论等专注于自己想要的信息（Gretzel & Yoo，2008）。此外，比起营销组织，旅游者分享的内容信息对其他旅游者的影响更大，因为旅游者更愿意相信之前的旅游者，他们分享自己的体验并被假定这些体验是真的。Casaló等人（2011）对西班牙知名旅游虚拟社区成员采纳其他成员建议的行为意向研究也发现，信任影响感知有用性，感知有用性、信任又影响态度，感知有用性、信任、态度共同影响采纳意向。还有不少学者的研究也表明，旅游者对其他成员生成的UGC存在感知信任，认为其更客观公正，从而对旅游决策计划的影响更为显著（Vermeulen & Seegers，2009）。总体而言，内容新颖（Chen，Shang & Li，2014）、评论正面（Tsao et al.，2015）、有吸引力（Hsiao，2013）、信息准确、相关以及可靠（Chen，Shang & Li，2014；Filieri & Mcley，2013）的信息更容易被采纳。正是基于用户生成内容信息的这些特性，促使其对旅游目的地、旅游企业、潜在旅游者等产生了显著的影响。

（二）用户生成内容的影响

1.对旅游目的地/旅游企业的影响

一方面，旅游者分享内容给旅游目的地/旅游企业的营销带来了好处，是企业管理者评估销售状况、服务质量的有效方法之一。如，旅游博客作为用户生成内容的重要组成部分，具有交互性强的特点有利于旅游目的地的营销推广。Marchiori（2012）采用准实验方法，讨论了游客对旅游目的地在线交流信息的感知，并指出公众舆论是目的地声誉建立和管理的有力支持。此外，学者们探讨了在线评论对旅游产品销售、预订的影响。如，Ogut和Tas（2012）调查了星级评定和消费者评级对酒店房间销售额和价格的影响，他们发现消费者评级与价格之间存在积极联系。Cezar和Öğüt（2012）同样研究了在线评论对酒店预订的影响，结果表明价格和评论量与在线销售之间均存在联系。Ye等人（2009）利用携程旅游网上的顾客评论与酒店信息数据构建了回归模型，解释了网络口碑对酒店房间预订额的影响。两年后，他们采用相同的数据获取方法，得出了更量化的结论：游客评级增加10%，则酒店的在线预订指数增加5%（Ye，et al.，2011）。

另一方面，旅游者的体验分享内容还会对旅游企业的营销真实性起监管作用。Nyahunzvi（2013）指出，旅游者在分享其旅游体验时，对旅游目的地形象的叙述是挑战该目的地固有形象的一个有用且节约成本的工具；Stepchenkova和Zhan（2013）的研究也表明了目的地营销组织与旅游者分享内容所体现出来的目的地形象是不一致的。旅游企业对目的地的推广广告或营销信息必须公正、准确、真实，否则旅游者根据自己真实体验而撰写的博客或用户生成内容将有可能暴露出这些信息的虚假性。综上，UGC的重要性不仅促使在线旅行服务商们（Online travel agencies，OTAs）采取各种激励方式鼓励用户发表高质量的评论（Liu et al.，2019），也启发旅游目的地管理组织进行目的地形象网络宣传时应重视用户生成内容（Deng & Li，2018）。

2. 对潜在旅游者的影响

（1）影响信息搜寻与决策行为　信息分享与信息搜寻是相对的行为。旅游者分享的内容是潜在旅游者的信息来源，对潜在旅游者决策行为产生了包括旅游意向、购买决策、目的地选择等多方面影响。Gretzel和Yoo（2008）分析了在线旅游评论的使用与影响，他们的研究表明在线旅游评论对游客的住宿决策影响较大，且性别和年龄这两个人口统计特征对这种影响起调节作用；在线评论对旅游线路选择的影响则不明显。Vermeulen和Seeger（2009）讨论了网络评论对消费者决策制定的影响，结果表明消极和积极的评论都能强化消费者对酒店的感知，其中积极的评论能提升消费者对酒店的态度。Wanga（2012）对300多名博客参与者的调查研究表明，旅游博客影响阅读者对目的地的感知形象，从而影响他们的行为意向。类似的研究指出，旅游博客内容的趣味性、易读性等特征影响旅游者的行为意向（Chen，Shang & Li，2014）。总体来说，比起营销组织，非商业性质的分享内容对潜在旅游者影响更大。具体来看，经验丰富的旅游者在交通、货币、地方安全、行程计划、目的地信息等方面对浏览者有较强影响力；目的地居民在餐饮、住宿方面更有影响力（Arsal et al.，2010）。Liu（2019）等人进一步探究了旅游分享如何引发潜在旅游者的旅游意向，发现低自尊以及对体验分享者的羡慕都会引发潜在旅游者对目的地的访问意愿。

虽然学术界目前广泛认可旅游者的用户生成内容对其他潜在旅游者的决策行为影响比企业、营销组织等的广告信息更大；然而Hautz等人（2014）的研究发现，用户生成内容的这种优势是相对的，至少对视频分享这一种生成内容来说是这样的。他们发现，对于低技术质量的视频，视频来源是用户则会对信任产生更强的积极影响，进而影响消费者的行为意向。对于高技术质量的视频来说，视频来源并不会影响观看者的信任程度。

（2）影响预期旅游体验　旅游者分享内容不仅能成为其他潜在旅游者的可靠信息来源，也能影响潜在旅游者对旅游目的地的预期体验。潜在旅游者可能根据网络上呈现的内容形成对目的地的印象（Marlow & Dabbish，2014），他们通过收集更多的当地细节性信息，产生外部线索，从而影响他们对目的地意象或品牌形象的看法。并且，正向的在线评论会提高他们的期望值（Mauri & Minazzi，2013）。

五、分享行为研究述评

通过上述文献回顾，不难发现通过社交媒体进行旅游分享已然是一个普遍的现象，学术界对此也进行了广泛的研究。特别是近几年来，对旅游领域用户生成内容、网络口碑、在线评论、社交媒体等的研究日益增多。然而，尽管分享这一行为已经成为旅游学术界的研究焦点与前沿问题，但现有的研究仍有很大的发展空间。

首先，就分享媒介而言，大部分研究，特别是国内研究所选取的平台工具属于弱关系网络。然而随着微信、QQ等移动社交的发展，越来越多的旅游者倾向于通过这些移动社交平台随时随地分享旅游体验，而不愿意花费太长的时间在虚拟社区里进行篇幅较长的分享。目前对通过移动社交平台进行体验分享的研究为数不多，如果只选取弱关系网络平台的分享者作为研究对象，就很可能无法全面地认识旅游分享这一行为。并且就旅游的社会联系属性而言，通过基于现实人际交往关系的移动社交平台进行的分享，更能体现旅游的这种动机，也更契合旅游者进行分享的初衷——告诉身边的朋友自己的旅游经历（姑且不论是否具有炫耀性质）。此外，除了关注分享媒介的强关系链特性，本文还关注分享媒介的移动性。正是这种移动性让旅游者可以随时随地地分享旅游体验，实现互动。因此，本研究将视角集中在通过移动社交平台进行的旅游分享。

其次，就分享过程而言，现有研究更多的是探讨旅游行程结束后旅游者的分享行为；较少研究关注旅游活动进行中的分享行为。事实上，现在大部分旅游者都会在旅游过程中拍摄照片，并在当时或在旅游行程中的空闲时间（如候车、坐车等交通时间）通过微信、QQ等移动社交平台分享照片及有篇幅限制的文字感受。这一行为让同一社交网络里（包括虚拟与真实的生活环境）的其他成员能够了解分享者的状态并对分享内容做出反馈，与分享者进行互动。在这样的互动中，大多数分享者能够获得愉悦感并影响旅游体验，因此本研究关注旅游活动进行中与结束后的旅游体验分享行为。

再者，就分享的影响而言，现有研究多数集中在分享内容的信息价值，分享内容对旅游企业/目的地营销或产品销售的影响，以及对旅游者行为决策的影响。部分学者探讨了分享内容对预期体验，特别是对目的地形象的影响。甚少有研究从反身性❶的视角研究分享行为可能给分享者本身带来的效用问题，特别是对分享者自身体验的影响。而正如李淼、谢彦君在《以博客为舞台——后旅游体验的建构性诠释》一文中所言："这个过程（向他人展示旅游体验）不仅仅是一个炫耀或沟通的过程，更是一个体验强化与体验建构的过程。"因此，剖析分享行为对分享者旅游体验的影响是很有必要的。这既是对旅游主体研究领域（旅游者的体验

---

❶ "反身性"（reflexivity）：自20世纪60、70年代以来，"反身性"已成为西方社会科学与人文学科领域炙手可热的术语和论题，在哲学、社会学、人类学、心理学、经济学等诸多学科和研究领域均有涉及。该词内涵丰富繁杂，也有译作"自反性""反射性"等，可理解为起因与结果之间的循环反馈关系。从社会理论的角度看，指行为参与者意识层面的思考会影响行为参与者的行为以及所思考事件本身，从而构成一种反身性关系。本书的反身性指旅游者在分享旅游体验这一行为中，对旅游体验与体验分享事件本身的思考，并由此引发的反馈性影响。

研究）的一个补充，也是对分享行为研究领域的一个拓展。

综上，在移动社交媒体时代，研究强关系网络移动社交平台旅游分享行为具有很好的学术价值与实践意义。首先，通过移动社交平台进行旅游分享已经成为当今旅游者的行为习惯，学术界有必要对此类旅游分享行为进行全面系统的研究，以增益旅游消费者行为的相关理论发展。其次，这类分享行为由于分享媒介的强关系特性与网络空间拓展性，具有很高的用户黏性与口碑传播性，能够影响旅游目的地、旅游企业等服务供给方的营销效果。对这类行为进行深入探讨，不仅有助于对当下旅游消费者行为特征与心理特征的理解，也有助于旅游服务供给方对服务方式与产品质量的改进。

第二节　旅游体验：内涵、类型、动机与真实性

一、旅游体验内涵研究

国外旅游体验研究兴起于20世纪60年代，国内略晚，起始于20世纪90年代。此后，旅游体验逐渐成为国内外旅游研究领域的核心议题。关于旅游体验的含义，从研究初始就有不少争议。Boorstin（1964）将之视为一种时尚消费行为，一种人为的、事先构想的大众旅游体验，是做作刻板的。MacCannell（1973）则把旅游体验看成是对现代生活所遭遇的困难的积极响应，他认为旅游者是在寻求"真实"的体验以战胜困难。Cohen（1979）将旅游体验定义为个人与各种"中心"之间的关系，他主张体验的意义来源于个体的世界观，并且取决于个人是否依附于某个

"中心",即是否依附于个体的精神家园。Urry(1990)则主张旅游体验事实上是一种凝视(gaze),游客与"他者"通过凝视而相遇,并在这种相遇中构建出个体的旅游体验。Ryan(1991)指出对个体而言,旅游体验是一种多功能的休闲活动,包括娱乐或学习或两种兼而有之。

国内学者也对旅游体验的含义做了不少的探讨。马天(2019)指出对旅游体验的界定包括两方面:一是旅游体验即旅游者的旅游过程,如陈海波(2017)认为旅游体验是人利用闲暇时间在其惯常环境以外所开展的体验;二是从旅游者心理感受层面进行理解。典型代表如谢彦君(2005)对旅游体验的定义是:旅游个体通过与外部世界联系进而改变其心理水平以及调整其心理结构状态的过程。这个过程是旅游对象与旅游者心理交互作用的结果,是旅游者以追求旅游愉悦为目的的综合性体验。黄向(2014)认为旅游体验是旅游情境中的主体幸福感。

纵观国内外学者对旅游体验的界定虽存差异,但仍有共识,即旅游体验是旅游者旅游过程中所形成的一种感受或结果。旅游体验的内涵强调两个方面:一是个体的主观感受;二是整个旅游过程的一种体验。下文将结合旅游体验的类型、阶段性与层次性对本研究的旅游体验进行界定。

二、旅游体验类型研究

旅游体验的类型研究主要缘起于学者们意识到游客自身因素的不同导致旅游体验效果的迥异。学者们不再假定游客在旅游中都会获得类似的体验效果,开始倾向从类型学的角度来理解旅游体验,拓宽了旅游体验的广度。在旅游体验类型的研究上,Cohen(1979)是公认的领先者与佼佼者。他将体验分为休闲、消遣、获取经验、实验、存在五种类型,不同的类型代表了不同的体验方式:审美、避世、求知、寻找不同的生活方式和感受异地文化。Pine和Gilmore(1999)提出"4E"模型,将体验划分为娱乐、教育、逃避与审美四种类型，他们认为旅游体验是这些体验的结合，最佳的旅游体验质量是这四种体验类型的集合点。"4E"模型在体验类型划分上给不少学者带来很大的启发，颇具影响力。

邹统钎（2003）在"4E"模型基础上增加了移情，从而区分了旅游体验的五种类型，即娱乐、教育、逃避、审美和移情，并指出旅游体验具有个体性、参与性、综合性等特点。魏小安（2005）认为消费者在体验过程中为寻求某种刺激，会积极参与到体验的营造过程中，于是将"4E"模型中的"逃避体验"更换为"刺激性体验"。谢彦君（2005）则认为旅游体验可划分为补偿性旅游体验、遁世性旅游体验、认知性旅游体验以及极端性旅游体验四种类型。宋咏梅和孙根年（2006）同样从体验目的的视角进行了划分，分为消遣娱乐、逃逸放松、知识教育、审美猎奇、置身移情五个类型。马宝建和张茵（2009）则将旅游体验划分为认知体验、感知体验、审美体验、超验体验。近年则有学者从建构过程、体验强度、表演理论等视角对旅游体验类型进行了探讨。表1-1列述了不同学者的旅游体验类型，虽然类型划分多种多样，但总体而言，类型的多样化是为了给旅游者提供多种体验方式，避免体验单一化而带来低质量的旅游体验。

表1-1 旅游体验类型表

学者	时间	划分视角	旅游体验类型内容
Cohen	1979	游客类型	休闲、消遣、获取经验、实验、存在
邹统钎	2003	体验目的	娱乐、教育、逃避、审美、移情
魏小安	2005	体验目的	娱乐、教育、刺激、审美
谢彦君	2005	体验目的	补偿性体验、遁世性体验、认知性体验、极端性体验
宋咏梅、孙根年	2006	体验目的	消遣娱乐、逃逸放松、知识教育、审美猎奇、置身移情

续表

学者	时间	划分视角	旅游体验类型内容
马宝建、张茵	2009	体验内容	认知体验、感知体验、审美体验、超验体验
马天、谢彦君	2015	建构过程	初次建构体验、再次建构体验
赖斌、杨丽娟	2016	体验强度	求奇、求知、求真
贾一诺等	2018	表演理论	移情型、仪式型与游戏型

资料来源：根据文献整理编制。

三、旅游体验阶段性与层次性研究

旅游体验具有主观特殊性，受主客观多种因素影响。旅游体验需求随着旅游主客观环境以及旅游时间维度的变化而变化，表现出不同的阶段性与层次性。

1. 阶段性

旅游体验的阶段性划分是基于旅游时间序列进行的。Norton（1996）通过对东非旅游者进行开放式访谈调查，把旅游体验划分为期望、体验与感想三个阶段。Clawson 和 Knetsch（1969）依据时间序列提出游憩体验的五个阶段模型，包括预期、去程、现场活动、回程以及回忆阶段，并由此影响以后的游憩体验历程。他们指出体验会随着不同的阶段而发生有顺序的改变，并且游客体验主要集中在现场活动阶段。Chubb 和 Chubb（1981）在五阶段模型的基础上，将其扩展为11个阶段（表1-2），并详细地描绘了体验的阶段历程及各阶段的体验需求。相关研究表明在整个旅游过程中，游客的认知和心理状态呈现出动态变化（Borrie & Roggenbuck, 2001），而这种动态变化也正是旅游体验层次性的体现。

表1-2 五阶段模型与十一阶段模型

Clawson&Knetsch	Chubb&Chubb	历程	体验需求
预期阶段	知晓阶段	离家出游之前的时间段	过去的经验、完备的信息、社会价值观
	最初决定阶段		
	探索阶段		
	最后决定阶段		
	预期阶段		
	准备阶段		
去程阶段	去程阶段	去旅游地的过程	交通距离、时间、游伴、沿途风景
现场活动阶段	主要体验阶段	从进入旅游地到离开旅游地	活动机会、自然环境、社会环境、管理环境、服务、设施等
回程阶段	回程阶段	从旅游地返回家中	与去程相似
回忆阶段	调整阶段	游客返家以后阶段	与实际体验不同的感受
	回忆阶段		

资料来源：转引自余向洋，朱国兴，邱慧（2006）。

从旅游体验的阶段性来看，不管是Norton的三阶段、Clawson & Knetsch的五阶段还是Chubb&Chubb的11阶段，实际上都是基于旅游者的时间流逝与空间转变来划分的。换言之，从旅游者确定进行旅游行为前的准备阶段到离开家到达旅游目的地，最后再从目的地返回家的过程。其中经历了整段旅游时间的流逝以及客源地与目的地乃至中转地空间的变换：旅游前客源地—旅游中目的地—旅游后客源地。因此，本研究在时空维度上将旅游体验划分为：旅游前的预期体验阶段—旅游中的现场体验阶段—旅游后的回忆体验阶段，并将研究焦点放在现场体验与回忆体验阶段。

2.层次性

纵观体验层次划分现状，国内外学者主要基于旅游者身心投入情况，对旅游体验层次性做了不同的区分，拓展了旅游体验的深度。如表1-3所示。Pine和Gilniore（1999）的"4E模型"从参与主动性、投入程度以及旅游者与环境的关系来看，事实上也是一种体验的层级划分。Williams等人（2004）把旅游与休闲体验分为直接体验、体验性学习和个人发展三个等级。国内学者对体验层次划分基本上依据身心的参与程度。龙江智等（2009）基于意识谱理论将旅游体验划分为感官体验、认知体验、情感体验、回归体验和灵性体验五个层级。陈才，卢昌崇（2011）借鉴马斯洛需求层次理论，将旅游体验自下而上划分为五个层次的深度结构：感官体验、身体体验、情感体验、精神体验与心灵体验。潘海颖（2012）认为旅游体验经历了三个层次：身到、心到、神到，对应审美境界的悦目之美、悦心之美与悦神之美。赵刘，程琦和周武忠（2013）将一般的完整体验分为三个维度：知觉体验、意义体验与情感体验，并以此为切入点研究旅游体验。他们指出"旅游过程中日常体验的知觉维度转变为旅游世界的本真发现，意义体验维度转变为符号意义的自在给予，情感体验维度转变为角色转换的情感超越"。其中知觉体验，指人主要凭借眼耳鼻舌体等感觉器官对外界纯粹形式方面的体验；意义体验，指主体意识对实物的深层次思考；情感体验，指主体在对客体知觉和意义体验基础上，为事物所感动、刺激、恐惧等产生深层次的愉悦、悲痛等情绪变化。黄向（2014）根据体验结构将体验层次分为孤独体验、高峰体验和成就体验。宋竹芳等（2019）则探讨了黑色旅游体验的体验层次问题，根据游前预体验、游中实体验、游后思体验的时间维度将体验层次划分为不可触及、可触可及与深思升华三个层次。

表1-3 旅游体验层次表

学者	时间	划分视角	旅游体验层次内容
Pine&Gilniore	1999	体验内容	娱乐—教育—逃避—审美
Williams	2004	体验内容	直接体验—体验性学习—个人发展
龙江智等	2009	意识谱	感官体验—认知体验—情感体验—回归体验—灵性体验
陈才等	2011	体验深度	感官体验—身体体验—情感体验—精神体验—心灵体验
潘海颖	2012	体验深度	身到—心到—神到
赵刘等	2013	体验深度	知觉体验—意义体验—情感体验
黄向	2014	体验结构	孤独体验—高峰体验—成就体验
宋竹芳等	2019	体验时间	不可触及—可触可及—深思升华

资料来源：根据相关文献整理制成。

由文献回顾可以看出，旅游体验具有多层次，学者们对体验层次的划分也各有不同。总体而言，由于旅游体验是旅游者通过与外部世界的接触、互动，经由自身心理情境而形成的心理结构状态。因此在各种划分方式中，最常见的是由表及里的划分依据：身体—心理—精神。其中，身体方面指对外部世界（旅游地人、事、物等）感官方面的体验，即学者们的说法不一但含义相似的表层体验/感知体验/感官体验/身体体验/身到等。心理方面包括旅游者对目的地人、事、物学习、理解上的认知变化以及情感上的变化，如认知体验/情感体验/知觉体验等。精神方面则指旅游者在对旅游目的地的感官、认知、情感体验后所唤起、体认乃至领悟到的内在意愿，包括精神意志、人生哲学等方面的心灵感悟，如相关文献里的意义体验/精神体验/心灵体验等说法。

目前学术界对旅游体验的内涵界定莫衷一是，但是从众多定义中不难发现两个与旅游体验内涵紧密相关的要素。其一，旅游体验是旅游者个体的主观感受。正是由于是一种主观感受，因而对其无法用一个统一标准来衡量，从而导致了定义难以统一的困难。与此同时，主观感受的不一致性、动态变化性在一定程度上推动了旅游体验类型、层次的研究。因此，可以说，旅游体验类型、层次研究不仅有利于促进体验的实践意义，也有利于理解旅游体验的内涵。其二，旅游体验是一种过程性的体验，即其围绕且贯穿于整个旅游活动过程，完整的旅游活动过程包括旅游活动前的准备阶段、旅游活动中的现场阶段与旅游活动后的追忆阶段。由此，结合旅游体验的阶段性与层次性，本书界定旅游体验为：旅游个体在旅游活动过程中与外部世界互动从而引起身心感受变化并形成相应心理结构的过程。

从时间阶段上看，旅游体验是一个围绕着预期体验—现场体验—回忆体验的连续谱；从感受进程看，旅游体验是一个由表及里，由身到心的动态过程，包括感官体验、认知体验、情感体验、精神体验四个层级。其中，感官体验指旅游过程中目的地各种情境因素对游客感觉器官与身体的刺激所形成的体验；认知体验指旅游者根据自己的知识或经验，对旅游地感知信息进行加工评价判断，从而形成对旅游地的认知体验；情感体验是旅游者与旅游世界互动过程中的情感感受；精神体验则是经过感官体验、认知体验、情感体验后唤起的关于精神意志或人生哲学方面的体验、领悟。本研究对旅游体验的层次划分将借鉴多数学者的划分逻辑，即身体—心理—精神的划分方式。并具体探讨分享行为将会对哪一层次的体验产生影响以及影响是如何发生的。

四、旅游体验动机研究

动机这一概念在旅游与休闲领域被广泛研究。国外旅游体验的动机研究主要从心理学角度出发，Pearce（1993）在马斯洛需求模型的基础上提出了"旅游生涯阶梯"，这个模型包含了五个层次的旅游需求：放松、刺激、关系、自尊与发展以及自我实现。目前受到广泛认可的动机理论当属Dann（1981）提出的"推-拉"理论。Dann认为游客之所以旅游是受到自己需求的推动以及外部环境的拉动。Iso-Ahola（1982，1999）则与Dan持相反观点，他认为旅游动机仅仅是一个心理学概念，不大需要考虑社会方面的因素，并提出"最佳唤醒"的概念，主张个体在刺激中寻求一种平衡。对个体来说他们所寻找的是适度新奇，既不会寻找完全不同的也不会寻找完全相同的东西。Crompton（1979）提出了七种类型的内在动力因素，包括避世、自我实现、休闲、获取声望、回归自然、增进亲友关系、社会交往等。

与国外研究类似，国内旅游体验动机的研究大部分从心理学角度出发。比较有代表性的是谢彦君（2004）在"推-拉"理论基础上，建立了旅游体验动机模型，阐明旅游体验动机与游客行为之间的联系，并探讨了旅游动机、旅游需求与旅游行为三者之间的关系。此外，国内学者也致力于通过定性、定量研究丰富旅游动机理论。如郭亚军（2002）认为旅游动机由社会因子、放松因子、知识因子、技能因子等四个大动机和14个相关的小动机构成。在14个小动机中包括与朋友度过快乐时光、与其他人在一起、结交朋友、获得情感上的归属、发展密切的友谊等与社会互动、社会交往密切相关的因素。赖斌和杨丽娟（2016）认为游客对民族传统文化旅游的现代体验动机在于"返璞归真"，通过民族旅游活动中"意外惊喜"的设计，逐渐让游客进入到"忘我状态"的存在性真实，并在回归日常生活世界后，升华自我感悟和丰富人生经历。任晓丽等（2019）则探讨了亲子旅游动机，发现其重要程度为"加强儿童教育>促进家庭关系>个体正面体验>个体负面体验"，为寻求家庭意义，家长的个体旅游体验仍然存在，但却是削弱乃至牺牲和隐藏的。

虽然对旅游体验动机的研究不少，但这些研究都受制于一个难以克服的因素，即动机无法直接观察，只能通过观察旅游者的行为进行推测或者通过旅游者的自我报告。并且，旅游体验动机具有多样性与动态性，不管是国外研究还是国内研究，对旅游体验动机尚未取得统一的结论。然而，从诸多动机中可以发现，社会联系、社会交往等社会互动需求是旅游体验动机的一个重要层面，推动着旅游者进行旅游活动。正如上文所提及的，旅游动机中的社会联系层面是本研究选取移动社交平台作为分享媒介的一个主要原因。分享与体验参与在社会交往的层面上具有共通性。

五、旅游体验真实性研究

（一）真实性的产生和发展

"Authenticity"一词源于希腊语的"Authentes"，意为"权威者""原初的""某人亲手制作""创作者"。目前学术界对"Authenticity"一词的译法参差不定，主要有三种译法：本真性、真实性与原真性。学者对三种译法的选择，往往出于学科偏好与主观判断，随意性较强（赵红梅、李庆雷，2012）。社会学界、民俗界通常译作"本真性"，文化遗产保护界译为"原真性"，旅游界则常用"真实性"以强调旅游体验（张朝枝，2008）。本文沿用旅游界约定俗成的译法：真实性。

真实性的探讨在旅游学界最早源于Boorsin对大众旅游虚假性的抨击。1964年，历史学家Boorstin以《镜像：美国伪事件导览》一书拉开了"真实性"在旅游研究中的序幕。1973年，社会学家MacCannell将本真性引入旅游动机与旅游经历的社会学研究中，其"舞台真实"的概念引发了旅游学界对旅游本真性的关注与热议，"真实性"成为旅游研究的一个核心议题。Boorstin哀叹"逝去的旅行艺术"，抨击文化的商品化和旅游体验的"虚假"，他指责大众旅游催生出虚假事件和商品化文化，体验被均质化和标准化，真实性变成可疑的命题。MacCannell则进一步认为现代性是"失真"现象的"原凶",从而将旅游者动机神圣化,视旅游者为专门追求真实性的"准朝圣者"。Boorstin与MacCannell将真实性看作是绝对的客观的真实性,是客观主义真实性的代表人物。他们的论述不仅体现了"失真"现象的普遍性,也促使人们意识到真实性与商品化的矛盾性。

1988年,Cohen发表其经典论述《旅游中的真实性与商品化》,辩证地讨论了商品化的利弊,提出"渐变真实"概念。他认为本真性本来就不是静止的、固定的,它是可以商榷的,本真性概念的讨论本身就是一个不断演进的过程。Bruner(1994)也认为,与其接受不经推敲的"孰真孰假"二元对立,不如去解读社会实践中真实性的不同含义,去了解人们如何将客体视为真实。Cohen以其"渐变真实"偕同提出"四类型真实性"的Bruner成为建构主义真实性的领军人物,奠定了建构真实的认识基础。

随着后现代主义思潮怀疑主义与反本质主义的蔓延,以解构真实性为特征的"后现代真实性"顺势而生。其主要代表人物Eco(1986)以"超现实"概念消解了复制与原版、符号与现实之间的界限,那些不以现实为模板或参照的想象物、符号集合体成为旅游吸引物,如迪斯尼乐园。后现代主义真实的另一个重要领军人物Baudrillard(1983)则认为当今世界已进入"仿真"时代,没有原物、没有本原,没有"现实"作为参照,仅只是符号的抽象。对于"后旅游者"而言,本原的真实性已经远逝,独特性与唯一性成为旅游吸引物真实性的基础,超越了传统的真实性概念。

1999年,王宁《旅游体验的真实性再思考》一文首度总结了真实性概念发展的各个阶段,将其划分为客观、建构、后现代三种类型,并在此基础上提出"存在主义真实性",拓展了真实性的内涵。相对于后现代主义对真实性概念的解构,王宁从存在主义的理论视角建构了对立于客观真实性的概念——存在的真实性。他认为存在的真实与被旅游的客体是否真实没有关系。旅游者不关心被旅游客体的真实性，只是借助于旅游活动或旅游客体寻找真实的自我。

王宁的"存在主义真实性"打开了真实性研究的一个新视角，其观点在得到了不少人支持的同时也受到了批判性的质疑。持批评观点的学者认为这种真实性在强调旅游者追求真实自我的同时忽略了东道主社会（李旭东、张金岭，2005）。美国学者Wang Yu（2007）也提出客体的真实性与存在的真实性（与自我相关的真实性）之间并非毫无联系，相反地，通过某种机制这两种真实性是可以相互转换的；且真实性有三个层次：客体、自我（主体）与家。游客旅游是为了逃离熟悉的环境，却又不断在他乡寻找故乡，在陌生中寻找熟悉。Wang Yu将这种真实性理解为"定制化的真实性"。

（二）五种视角的真实性

1. 客观主义真实性（objective authenticity）

Boorstin和MacCannell是客观主义真实性研究的代表人物，他们都把真实性当作旅游者固有的可识别的一种特性，且可以用一个绝对的设定的标准来衡量。然而，在旅游者追求真实性的能力与动机方面，两人的观点恰好相悖。Boorstin（1964）认为游客既没有获得真实性的能力，也没有追求真实性的愿望。他们追求的只是经过策划的、虚假的事件，对当地真实文化并不感兴趣。不同于Boorstin的看法，MacCannell（1973，1976，1989）的舞台真实性理论认为游客生活在现代化、异化的社会中，他们并不满足于现实生活的虚伪，出游的目的就是追求真实性——了解旅游地居民的真实生活。同时他也指出，现代大多数旅游经历都是体验舞台真实，而非目的地社会的真实文化。对旅游者而言，其挑战在于在多大程度上可以被允许了解或经历旅游地居民的真实生活。不管是Boorstin的"伪事件"还是MacCannell的"舞台真实性"，都简化了真实性的概念。王宁（1999）指出真实性在现实中并不是"非黑即白"，而是存在许多不确定，专家、学者所判断的不真实或"舞台化"对旅游者而言可能是真实的。而客观主义真实性的观点将真实性的判断局限在旅游者的原初性上，陷入了"非黑即白"的二元论中（周亚庆等，2007）。

2.建构主义真实性（constructive authenticity）

建构主义论者不认同客观主义论者将真实性看作旅游客体既有属性这一观点，他们认为并不存在一个内在于旅游客体、等待被发现的客观真实性（赵红梅、李庆雷，2012）。真实性是社会建构的结果，是不断变化发展的，应该从一种更为复杂的、建构的视角来解释真实性。Hughes（1995）提出旅游真实性是由各种旅游企业、营销代理、导游解说、动画片制作者等生产、制造出来的。旅游目的地或其他事物作为真实性被体验不是因为他们是原物或真实的，而是因为他们作为标志或真实性的象征被认识到。有趣的是，真实与否会随时间而改变。曾经是不真实的事物，随着时间的推移，在经历了一个"突现的真实"过程后会被重新定义为真实（Cohen，1988）。

王宁（1999）指出建构主义论者的五点共识：① 绝对客观的、静态的起源或"原物/原作品"是不存在的；② 原创物或传统自身也会应现实之需而被发明或建构；③ 真实与否取决于人们的偏好、视角与解读，对于同一客体的真实性，不同旅游者看法不同；④ 对于旅游目的地的不同文化和人群来说，真实性是游客基于其期望乃至刻板印象对旅游目的地旅游产品所贴上的一种标签；⑤ 最初被认为失真或虚假的事物，会随时间的流逝而"渐变真实"。总而言之，建构主义者寻求的原真性不再是Boorstin和MacCannell所指的客观的原真性，而是一种符号的、象征意义的原真性，是社会建构的结果。建构主义真实性来源于旅游者期望、信念、观念的结合，这种结合是象征性地投射于物体上的。建构主义真实性让旅游者成为表演者，在扮演旅游者角色并从人造的舞台环境中获得乐趣，旅游者在心中产生协商式真实（Cohen，1988）并获得愉悦的体验。

3. 后现代主义真实性（postmodernism authenticity）

正如赵红梅、李庆雷（2012）所言："假如说客观真实性以客观标准识别出诸多失真现象并为此愤世嫉俗，建构真实性修正了真实性标准从而使更多旅游吸引物被判定为'真'，二者都计较于真假之间的话，那么后现代真实性则完全不将客体真假放在眼里。"后现代主义真实性更加激进地看待旅游客体的真实性，在他们看来"真"与"假"并没有严格边界，反而是可以相互替代的，现代技术甚至可以使"假"变得比"真"还真。Eco（1986）用美国迪斯尼乐园的例子来说明真假的界限，他完全解构了原制品与复制品、符号与现实等之间的界限，抹杀了"真"与"伪"的界限。Baudrillard（1983）则用柏拉图的"虚像"（simulacra）来解释真实与虚像之间的关系。他认为虚像的发展经历了"伪造—复制—仿真"的过程，而现在的世界正是一个"仿真"构成的世界。它允许没有"原作品"，没有"起源"，仿真和虚像变得如此真实，已达到"超真实"的境界。后现代主义真实性的概念对脆弱的文化区而言未尝不是好事。后现代旅游者觉得舞台真实性对保护旅游目的地的文化和社区免受干扰起到了积极的作用（王宁，1999）。"表演的原真性"可以替代原物，因而也可以起到保护脆弱的旅游文化的作用。

4. 存在主义真实性（existential authenticity）

存在主义真实性概念最初主要与人类存在的意义、幸福的意义、人对自己的意义等话题有关，王宁（1999）将之应用到旅游领域，认为存在性真实是生命的一种潜在状态，这种存在会被旅游者的活动所激活。旅游目的地事物的真实或不真实与旅游者的真实体验并无绝对联系，因为旅游者只是通过这些活动、事物来寻求真实的自我。他将旅游者的真实性体验分为自身真实性（intra-personal authenticity）与人际真实性（inter-personal authenticity）两种类别。自身真实性针对旅游者个人，包括旅游者的感官体验、自我塑造、自我认同等，人际真实性针对群体，指旅游者在旅游过程中通过与其他人（如其他旅游者、目的地人群等）交流和分享快乐而获得的真实感受。

5.定制化真实性（customized authenticity）

定制化真实性是美国学者WangYu（2007）所提出的，其核心思想包括：① 前期对"他者"的想象——定制化真实性主要与客体有关，受大众传媒、旅游指南等影响；② 旅游者在旅游地寻找"家的感觉"，在陌生中寻找熟悉，在他乡中寻找故乡；③ 所谓的"真实性"旅游产品是东道主根据旅游者需求创造出来的。由此，定制化的真实性事实上是东道主社会与旅游者共同构建的真实性，强调了主客体之间的互动关系。然而由于旅游者需求的差异性，定制化真实性必然也是多元化，东道主社会是否能提供每个旅游者认同的真实性文化以及如何提供便成了最大的问题（张朝枝，2008）。

（三）真实性研究述评

首先，从上述回顾可以看出真实性研究的发展经历了客观—主观—主客观相联系的过程，从重视旅游客体的真实性到强调旅游主体真实体验，进而关注主体（旅游者）与客体（东道主）共同建构真实性的过程。整个真实性概念演变过程基本上是站在旅游者的角度分析，客观主义真实性的"真""假"之辩是基于旅游者的辨别能力；建构主义真实性虽由社会建构出来，但真实与否仍是以旅游者的判断为准；后现代主义真实性不关心真假之争，姑且不论；存在主义真实性完全从旅游者出发，关注旅游者如何从旅游客体中获得真实自我；直到定制化真实性的提出，才把旅游客体（东道主社会）纳入真实性的理解中，但却并非将其作为真实与否的判断主体，而是根据旅游者需求建构真实的主体。

其次，虽然各种观点的真实性各执一词，且后出现的观点似乎是对前一种观点的修正；但他们并不是替代的，至少就旅游体验真实性而言，他们是相互补充的。每一种真实性都有其特定的时代背景，也都阐明了某一类型的旅游体验真实性。正如上文所述，旅游体验是多类型、多层次的，是旅游个体的一种主观感受，且这种感受是变化发展的。相应地，其对真实性的感受也非一成不变。旅游者在其生命历程的不同阶段所关注的真实性有可能完全不同。年轻时候的旅游者可能对迪斯尼乐园这种后现代主义真实性流连忘返，年老时候的旅游者却可能怀念旅游地真实的社会文化。

就本研究而言，分享行为中的旅游体验真实性更有可能是一种建构主义真实性与存在主义真实性的混合物。后面章节将具体论述。

第三节
分享行为与旅游体验

目前探讨分享行为对旅游体验影响的研究为数不多。为了更好地理解这种影响关系，有必要预先审视分享行为与旅游体验的内在联系，以利于后续研究的展开。从上文分享行为动机与旅游体验动机的研究回顾，不难发现社会联系、社会交往等社会互动需求是分享行为与旅游体验的共同动机。换言之，与社会保持联系进行互动是个体参与以及分享旅游体验的重要原因。

从根源上看，社会互动的重要性可以从人类的幸福感说起，正如Kanis和Brinkaman（2009）所指出的，人们的最高与最重要目标是获得幸福。良好的社会人际关系能在身心上利于个体的幸福感。不少研究表明人类身心健康有赖于与他人的联系。Putnam（2000）在其著作《Bowling Alone》中指出，社会互动具有很多积极作用；与社会断开联系的个体，其各种原因死亡的概率是与家庭、朋友、社区紧密联系的个体的2～5倍。与朋友家人保持联系非常重要（white & white，2007）。此外，Fave（2011）的研究表明，社会人际关系在提供情感支持方面起着关键作用，并且社会化有利于最佳体验（如心流体验）的获得，进而获得幸福感。

进一步地看，将社会人际关系的获得与传播视为一种资本。Putmam（2000）将这种社会资本分为两种类型：桥接型社会资本（bridging social capital）与结合型社会资本（bonding social capital）。桥接型社会资本代表着较为松散的社会联系；结合型社会资本则指情感紧密联系的人际关系，如家人或朋友。这样的划分与Granovetter（1973）的"弱关系""强关系"概念有异曲同工之妙。就分享行为与旅游体验而言，和家人朋友一起进行旅游活动可以加强结合型联系，通过分享旅游体验则可以维护桥接型联系。因此，参与、分享旅游体验很有可能促进两种类型社会资本的整体发展，进而促进个体的身心健康。

再者，分享媒介在保持社会互动、维系人际关系方面具有举足轻重的作用。手机、移动社交平台等让人们可以进行即时简短的社会联系，进而扮演着表达对他人情感的角色。有必要从分享媒介的角度审视分享行为与旅游体验的联系。Kanis和Brinkman（2009）研究了通过移动通信工具在虚拟社交圈（PosiPost）上分享积极情绪的行为。研究发现，快速登录的移动设备提高了设备的易用性，从而降低了心理摩擦，使应用该设备进行分享成为一种理想的行为。Stenifeld，Ellison和Lampe（2008）对Facebook使用的研究表明，使用社交网站能获得社会资本，而这些社会资本有助于促进个体心理健康。因此，移动通信工具的便捷性、易用性以及社交网站维系人际关系的有效性直接或间接地推动了分享行为的进行，增加了个体的社会联系，个体从中获得快乐与积极情绪，促进其身心健康——这与积极心理学的研究领域极为符合。Sander（2010）在积极心理学框架下研究了人-机互动，并提出了一个新的研究子领域："积极的计算机技术"，即信息与沟通技术是被设计出来支持人们的心理发展的。Sander指出，高度自动化的计算机应用能够协助人们对美好时刻的体验、记忆与再体验，进而帮助人们发展乐观的生活态度。总体来说，移动通信技术以及互联网能够有效地提升旅游体验。这种提升作用是间接的，通过使用这些技术设备带来了满足感，进而影响旅游体验。正如Turkle（2008）所指出的，认为人们被他们的设备所束缚是不准确的；人们是被网络自我提供的满足感所牵系，这种满足感包括情感承诺、对话以及归属感。

此外，互联网技术便利了信息分享，让人们能够超越地理限制和时间局限进行交流。从而，作为分享媒介的移动互联网技术应用平台在时空上改变了个体间的社会互动，对社会关系的深化以及旅游体验的发展产生了影响。首先，移动设备让旅游者可以同时进行多件事情。当试图与家人、朋友、同事进行社会联系时，电子通信让个体能够将这种社会交往压缩到同一个时间段，进而避免消耗旅游时间。旅游者可以在交通时间段里通过移动设备分享旅游体验，与家人朋友联系，维持社交关系。其次，移动技术的应用让旅游者能够快速地连接到更为广阔的世界，与其他人、其他地方、其他文化进行联系。Ellard（2009）指出，以光速移动虚拟自我的能力让我们可以快速地与人、地方、文化进行联系，改变了我们对时间、空间的感知，以及自己与世界其他地方的距离的感知。Ellard将这种联系看作是在个体上发展一个更为丰富的精神体验，进而影响了人类精神状态的积极变化。并且，这种快速的联系方式也能让个体更便捷地向世界展示自我，一旦个人有了某个想法或感受，它可以立刻在自己的社交网络圈里发布，并能在很短的时间得到验证或反馈。

综上所述，分享行为与旅游体验在某种程度上都是基于社会互动需求而进行的，两者的结合进行有利于人际关系（强关系与弱关系）这一社会资本的全面发展，从而促进身心健康，让个体感受到愉悦与幸福。分享媒介在这种联系中起着非常重要的作用。基于互联网技术的移动通信工具、社交网站等分享媒介便利了旅游体验分享行为的进行，协助了人们对美好时光的体验、记忆与重温。在这个意义上，以分享媒介的发展为契机，分享行为以积极的作用影响了分享者的旅游体验。

第二章

旅游分享行为的研究途径与分析过程

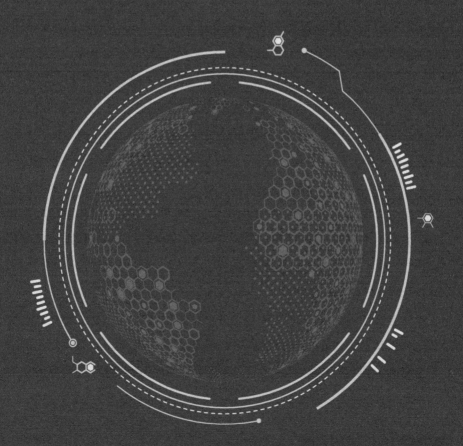

第一节
扎根理论研究方法

一、建构主义范式的扎根理论研究

1.扎根理论研究方法的选择

目前社会科学研究主要有三种途径,即定性研究、定量研究以及混合研究三种(倪良康,2000)。

定性研究是以研究者本人作为研究工具,在自然情景下采用多种资料收集方法对社会现象进行整体性研究,使用归纳分析资料并形成理论,通过与研究对象互动对其行为和意义建构获得解释性理解的一种活动(陈向明,2000)。

定量研究也称量化研究,是采用数值化的经验材料所进行的研究。定量研究与定性研究是社会科学领域的两种重要研究方法,其中定量研究重视客观实在的预测控制,注重经验事实的假设验证;定性研究重视对意义的理解,有一定的主观意向性,重在探索发现,而不是验证假设。

混合研究是在一项研究中综合使用多种不同的研究方法,强调从不同角度对研究对象进行阐释,适用于比较复杂的研究问题和对研究结论的可靠性要求比较高的情况。例如不少混合研究采用定性和定量搭配使用的方式,如果通过定性和定量两种研究方法所得出的结论一致,则该项混合研究的可靠性就更高。

在这三种研究途径的选择上,混合研究相对少数,定性研究近些年愈发绽放其魅力,定量研究则向来颇受学术界的推崇。虽然,定量研究在自然科学领域有很大的威力,也能够极大地克服社会科学研究的主观主义倾向，但是社会科学研究与自然科学研究毕竟有着本质的不同，并非所有的社会科学问题都适合用定量研究。相反地，以人的社会生活和历史为研究对象的社会科学问题采用定性研究更能得出有意义的结论。洛芙兰夫妇在其著作《社会情境分析》中讨论了几种适合实地研究❶的社会生活因素，包括实践、情节、邂逅、角色、关系、群体、组织、聚落、社会世界、生活形态或亚文化等❷。在这些社会情境中，实地研究者可以揭露那些并非显而易见的事物。类似地，Maxwell（2007）也指出定性研究的长处表现在五个研究目的上，包括理解事件、情境、经历及行动对研究参与者的意义；理解参与者行动所处的具体情境和情境对他们行动的影响；寻找非预期的现象及影响，并就这种影响提出新的"扎根"理论；理解事件和行动发生的过程；提出因果解释等。质性研究经过多年发展，经历了从追求科学到重视人文，从关注现象描述到强调意义解释，从建构宏观理论到追求中观知识。同时随着质性研究的发展，人们对一个好的质性研究的评价越来越重视从其中提炼出创新的理论构想，并与前人理论展开对话，而不再是仅仅停留在"深描"阶段。基于此，本书采用扎根理论研究方法，不仅对基于现实人际关系延伸的移动社交平台

---

❶ 艾尔·巴比用实地研究概况包括参与观察、直接观察和个案研究的所有研究方法，实地研究主要用于获得定性资料。Babbie E.社会研究方法[M].邱泽奇译，北京：华夏出版社，2005：275-276。

❷ John&Lyn Lofland.Analyzing Social Settings,1995：101-113，转引自Babbie,E.社会研究方法[M].邱泽奇译，北京：华夏出版社，2005：276-277.其中，实践主要指各式各样的行为；情节包括各种实践诸如离婚、犯罪和疾病；邂逅包含两人以上的会面以及在直接状态与他人的互动；角色指人所处的地位以及在此地位所表现的行为；关系如母子关系、朋友关系；群体，小群体如朋党、运动团队、工作群体；组织如企业和学校；聚落如村落、贫民窟、邻近地区等；社会世界指一些范围和人口都模糊不明的社会体，如"华尔街"；生活形态或亚文化，包括生活方式雷同的人，如"管理阶级"或"都市下层阶级"的群体。

旅游分享行为这一日益普遍的社会现象进行深度描绘，同时建构本土情境下的分享行为相关理论。

现有与分享行为相关的研究更多集中在弱关系网络的媒介平台上，对于目前愈发普遍的基于现实人际关系延伸的社交平台分享关注较少。特别是在国内青年一代中，通过微信、QQ等熟人圈网络的分享已经日益成为一种重要的旅游消费行为习惯，而现有研究并未对此种现象给予足够的关注。因此本研究采用田野调查，通过质性研究方法描绘这一现象，并通过扎根理论提炼出相关概念与核心范畴，构建理论，作为后续比较研究的基础。

2.扎根理论研究方法概述

扎根理论的研究方法来源于社会学家Glaser和Strauss的合作。两位学者将实证主义与互动主义两种研究传统结合起来，发展出了扎根理论研究方法，并在《扎根理论的发现》一书中对这一方法进行了陈述。扎根理论研究方法是运用系统化的程序，针对某一现象来发展并归纳式地引导出扎根的理论的一种定性研究方法。与"提出假设、验证假设"的量化实证研究方法不同，采用扎根理论的研究者在进入田野调查前并不预设结论或提出理论假设，而是通过对经验资料的模式、主题、分类进行分析，抽象出新的概念与观点进而形成理论。运用扎根理论研究方法建构出来的概念以及他们之间的联系，不仅是从资料中萌生出来的，而且也被资料暂时性地验证过。下文对扎根理论的抽样方法、数据收集方式与数据分析的编码步骤进行概述。

（1）抽样方法　扎根理论研究的抽样方法主要有两种类型：目的抽样与理论抽样。研究初期一般采用目的抽样，选择典型的样本进行初步研究，在初步研究的分析结果基础上决定下一步的抽样对象。理论抽样则是抽取能够为研究问题提供最大信息量的研究对象。研究者根据初步研究发展出新观点或拓展现有观点的可能性，有意识地选择符合条件的对象进行研究。因此，扎根理论研究的数据收集工作是一个动态的过程，是在收集资料的同时分析资料，上一环节的数据分析结果是下一环节数据搜集的依据。

（2）*数据收集方式* 扎根理论的数据收集方式多种多样，常见的主要包括深度访谈、观察与实物收集等三种。本研究主要采用问题聚焦访谈法进行资料收集。问题聚焦访谈法属于半结构性访谈，也称为深度访谈。在研究者"负责"引领访谈的意义上，它们是结构性的，有一定的时间安排；同时，研究者也能跟进受访者的引导，探究在访谈互动中所引发的领域，换言之，正式访谈是将弹性融入了结构性访谈中。称之为深度则是因为其主要目的是深入了解受访者，让研究者获得更多关于研究对象的知识。除了通过深度访谈获取研究资料外，本研究还采用现场观察与受访者分享资料收集的方式获取更丰富的质性资料，作为扎根理论的经验资料。

（3）*数据分析的编码步骤* 扎根理论的基本思想体现在开放性编码—主轴性编码—选择性编码这一过程中。开放性编码是指将收集的经验资料逐步概念化、范畴化的过程。即在比较资料所反映出的现象的异同基础上，赋予现象概念，并进一步聚拢相似概念，提炼出范畴的资料缩编过程。通过开放性编码获得概念与范畴后，进行主轴性编码以发现、建立范畴间的联系，展现资料各部分的关联性。此步骤一般根据典范模型进行，即按照"因果条件—现象—行动脉络—中介条件—行动/互动策略—结果"这一逻辑关系，展示主要范畴间的关系，从而重新组合资料。选择性编码则是研究者选择核心范畴，将它与其他范畴系统联结起来，并收集新的资料验证其间关系，完善各个范畴的过程。

3.建构主义范式下的扎根理论方法

上述简要说明了本研究所选择的扎根理论研究方法，下文将就所遵循的研究范式进行说明。Babbie.E指出"范式是我们用来组织我们的观察和推理的基础模型或参考框架,范式本身并不解释任何事情,但是它们阐述理论的逻辑架构。理论寻求解释,范式则提供了寻找解释的方法"(Babbie E,2005)。社会科学研究具有多种范式,表2-1概述了五种主要范式,它们在本体论、认识论、方法论等方面各有不同。本研究采用建构主义范式,下文将根据Amos Hatch的论述(Amos Hatch,2007)陈述建构主义范式以及本研究采用建构主义范式的主要原因。

表2-1 五种研究范式

研究范式	本体论(自然或实在)	认识论(什么是可知的;认知者与认知对象的关系)	方法论(知识是如何获得的)
实证主义	实在外在于我们,有待我们去研究、捕获与理解	世界是如何被真实地组织起来的;认知者和认知对象是不同的	实验,半实验;调查,相关性研究
后实证主义	实在是存在的,但永远不能被完全理解,只能接近地理解	对实在的近似;研究者是资料收集的工具	严格定义的质的研究方法,频数计算,初级的统计
建构主义	多元的实在是被建构出来的	知识是人类的建构;研究者与参与者共同建构理解	自然主义的质的研究方法
批判理论与女性主义	被理解的世界因种族、性别、阶级的不同而呈现出实质的不同	知识是主体性、政治性的;研究者的价值观决定了研究的框架	创新性的研究方法
后结构主义	秩序是由个人的心灵所创造的,并把意义赋予无意义的宇宙	不存在有待认识的"真理";研究者通过世界的文本表现来审视世界	解构;系谱学;以资料为基础的多种研究方法

资料来源:Amos Hatch.如何做质的研究[M].朱光明等译.北京:中国轻工业出版社,2007.13.

就本体论而言，建构主义者假定普遍的、绝对的实在是不可知，研究对象是个人观点或现实的建构，不同个体通过自己的独有视角来体验世界进而建构实在。实在通过抽象的精神建构形式被理解，而精神建构是以经验为基础，因时因地因人而异，因此实在是多元的。就认识论而言，知识是通过符号建构起来的，研究者与参与者在知识建构过程中是相互合作的。就方法论而言，采用自然主义的质的研究方法。研究者需长时间访谈参与者，在自然情景中观察他们，以重构参与者用以理解世界的建构。就生成的知识形式而言，一般包括案例研究或者所建构起来的阐释的丰富叙述。

本研究以建构主义范式来进行研究主要有两个原因：其一，实际生活中人们在从事某一活动或进行某一行为之前，几乎不会先去思考诸如"这么做有什么用""这么做是为什么"或者"这么做对我有什么意义"之类的问题，特别当某一行为成为一种习惯或者生活方式时，更不会事先去寻求这一行为的各种意义或原因。更常见的情况是，当他们被问及某一行为时，他们临时或现场建构出或者意识到这一行为对自己的意义或作用。事实上，在访谈过程中也有受访者指出，他们对自己的行为并没有想那么多，反而是各种各样的研究将他们的行为复杂化了。其二，本书主要采用访谈的方式获取定性资料，而即使是非常谨慎的研究者也无法完全做到访谈过程中受访者的思想完全不受研究者的干扰，事实上在研究者向其表明访谈目的的时候，这种干扰很可能已经形成了。因此，笔者更倾向于知识是建构出来的，特别是在研究者与参与者之间的互动中被建构出来。因此，本文选择在建构主义范式的框架下进行研究。

20世纪90年代后，扎根理论的研究方法受到越来越多的学者拥护，被广泛应用于社会学、心理学、教育学、管理学等研究领域中。与此同时，由于学者们研究范式、学科背景、研究问题等方面的差异，扎根理论的实际应用过程出现了分歧，产生了三个主要流派。即，Glaser

和 Strauss 的原始扎根理论方法、Strauss 和 Corbin 的程序化扎根理论方法以及 Charmaz 的建构主义扎根理论方法，三种流派的异同点见表 2-2。

表 2-2 三种流派的扎根理论方法异同点比较

流派	相同点	不同点		
		研究范式	资料/数据收集	资料/数据分析
Glaser 和 Strauss 原始版本	归纳性的质性研究方法；在经验资料上建构理论；研究程序具有可重复性；多用于中层理论的建构；强调过程研究	实证主义	研究者在收集资料的过程中保持中立，关注真实存在的数据本身	两级编码：开放编码和选择编码，分别对应实质代码和理论代码。开放编码对研究领域内的经验实质进行概念化，形成实质代码；选择编码进一步将实质代码通过假设连接起来，整合为理论
Strauss 和 Corbin 程序化版本		后实证主义	研究者在收集资料的过程中尽可能保持中立	重视采用可操作性的程序和手段对研究的过程和结果进行检验，关注对现象的描述。采用开放性编码、主轴性编码、选择性编码三级编码程序，在主轴编码阶段提出编码典范模型以将不同类属联结起来。在后来的版本中，Corbin 对典范模式进行了修改，增加了"情感"的内容
Charmaz 建构主义版本		建构主义	优先考虑研究过程本身，强调研究者与被研究者之间的互动	强调灵活使用，但仍认为编码至少包括两个主要阶段：初始阶段和聚焦选择阶段。初始阶段包括为数据的每个词、句子或片段命名；聚焦选择阶段则使用最重要或出现最频繁的初始代码来对大部分数据进行分类、综合、整合和组织

最初的扎根理论研究方法隐含着实证主义思想，关注真实存在的数据本身，而不关注数据是如何产生的。建构主义扎根理论则关注数据产

生的过程，认为数据来自于研究者与被研究者共享的经验，是被共同建构出来的。Charmaz（2000，2006）认为扎根理论研究者旨在提供因果解释，关注对象有什么行为以及该行为的出现原因。要理解人们为什么做出某种行动，必须先发现他们是如何建构意义和行动的。这种发现实际上是研究者建构解释的过程，而这种建构很难实现客观，因为研究者无法完全复制研究对象的经验，只能最大程度地从研究对象的经验解释其行为。基于此，建构主义的扎根方式特别重视反思的作用，包括对研究过程的反思与研究结果的反思。即要求研究者思考其理论建构的进展，收集数据时与研究对象的互动情况，并对研究结果进行反思。在不断的反思中对现象或行为意义进行解释，逐步建构理论。

需要指出的是，本研究选择建构主义范式下的扎根理论研究方法主要原因之一是其背后的思想更契合深度访谈方式的理论建构，契合研究对象自身对其经验的解释方式。但为了保证理论构建过程的严谨性与科学性，在具体扎根方法上仍会借鉴Strauss和Corbin的做法。在研究过程中强调规范的研究程序，同时在反思中根据研究进展进行动态调整。

二、扎根研究的信效度与研究伦理

定量研究在信度与效度的测量上已发展出一套成熟的技术，而定性研究则因为研究范式、研究方法的特性无法进行精确的信度与效度评估，也由此引发众多学者在此领域的探索，并形成了一套看待描述效度和个案研究独特性的方法，提出了不少有益的提高定性研究信度与效度的策略。

1.信度

定性研究的信度是指研究者的记录数据与自然背景中实际发生事物的吻合程度，分为外在信度与内在信度。内在信度指在相同条件下，搜集、分析、解释资料的一致程度；外在信度则指在相同或类似的情境中研究的可复制性。根据相关研究成果，本研究采用下列策略提高研究的内在信度与外在信度，前面两个策略为提高外在信度的方法，后面四个策略则是本研究为提高内在信度做出的努力。

第一，提供信息者的选取过程。在资料收集阶段本研究详细描述了受访对象的选取过程，并提供相应的信息背景。

第二，描述资料收集与分析策略。在研究设计里详细描述并解释了本研究所采用诠释资料的方法。

第三，逐字解说与低推论描述。在呈现研究报告时注重对所收集资料、田野笔记的直接引用，同时不仅关注正面案例也审视负面案例。

第四，重视参与研究者的作用。资料整合与研究成果均邀请有关参与者协助审核，确认资料如实记录他们的观点以及研究成果符合参与者对意义的诠释等。此点主要有两种方式，一是，对于愿意协助审核的参与者，通过电子邮件寄送本研究文稿，请其就资料整理与笔者所做的解释进行审核。二是，尽量在访谈过程中当即确认受访者的意思，如笔者通过重新概述或诠释受访者的答复，并询问笔者的总结与诠释是否与其所主张的一致。

第五，以科学仪器记录相关资料。本研究主要使用录音机、手机、电脑作为资料收集的辅助工具，以增加内在信度。

第六，重视对负面案例的探讨。在研究中积极寻找负面案例，并主动探讨、记录、分析这些负面资料，从中归纳负面资料所体现的信息规律，以确保所得结论的可信度。

2.效度

定性研究使用"效度"的概念来评价研究者对研究结果的表述，即研究结果是否反映研究对象的真实情况。换言之，定性研究中的效度要处理的是描述与解释以及解释是否符合描述的问题（诺曼·K.邓津，伊冯娜·S.林肯，2007）。只要我们对研究结果的表述在现存条件下比其他可能的表述更为合理，研究就是可信赖的。Johnson提出了12种提高研究效度的策略，分别是作为"侦探"的研究者、扩展田野范围、低推测词语或字符、数据三角、方法三角、调查者三角、理论三角、参与者反馈、同僚评论、负面案例抽样、反省、模型匹配。由此也可看出，在提高研究信度的策略上，有很多是与提高效度的方式相似或相辅相成的。据此，除了低推测描述、参与者反馈、负面案例等同样有利于提高研究信度的策略外，本书还将通过如下几个方面的努力提高研究效度。

第一，扩展田野范围。本研究不将研究的田野范围限定在周边地区，而是通过滚雪球的方式寻找来自全国各地符合条件的受访者。采用多对象研究设计从不同的研究对象那里收集关于同一个话题的资料。

第二，数据三角交叉校正法。本研究采取一组以上的资料来源，相互支撑和印证。具体包括访谈资料与分享资料，通过多重资料的使用增强资料主体之间相互的效度检验。

第三，注重和导师、学友的讨论。体现研究者三角校正的观点，避免因笔者主观判断而不利于研究效度。

第四，收集尽可能丰富的原始资料。除了详尽地采集访谈资料、分享资料外；本研究还注重对学术资料的收集，包括与本研究关联度较大的文献资料及多种理论学说（详见文献回顾与文献比较研究两个章节），提升理论敏感度的同时也有助于解释资料。并且文献的阅读工作不仅在研究准备阶段进行，在研究过程及写作阶段仍要不断收集文献资料与相关理论学说。

3. 研究伦理

在处理研究伦理问题上，本研究遵循社会研究的基本伦理准则。

首先，自愿参与。研究者在进行访谈前会先向受访者说明访谈目的，并确保受访对象均是在自愿的原则上参与研究。

其次，知情同意。研究过程中为了更好地理解受访者的分享行为以及确保研究资料的完整性，研究者需要接触受访者旅游过程中拍摄的照片以及相应的旅游日记，此行为是在受访者知情同意的情况下进行的。

最后，匿名与保密。出于对受访者个人隐私保护的需要，本研究对涉及受访者隐私的信息，如姓名均采用编号处理；同时也保证不泄露受访者相关信息或将受访者相关信息用于非学术研究。

第二节
研究资料收集

本研究的资料收集过程遵循扎根理论程序，研究初期采用目的性抽样，从身边人际圈着手访谈有旅游分享行为的朋友，对访谈结果进行编码分析，由此逐步涌现出相关概念与范畴。随后，根据初步分析结果所可能建构的理论情况进行理论抽样，确定下一次的访谈对象，如选取负面案例分析不进行旅游分享的具体情况，采用跟踪调查方式访谈正在进行旅游体验的游客等。通过上述程序，本研究获得了大量的一手资料，是本书研究的坚实基础。具体而言，本研究的资料来源于访谈与旅游者的分享资料。资料收集于2015年1～3月与2018年3～8月，2018年的资料是对2015年资料的补充与更新。

（1）**访谈资料收集** 访谈内容包含分享行为与浏览行为，访谈人数以达到理论饱和为标准，最终获得55份访谈资料。访谈方式包括面谈、电话访谈、微信访谈及QQ访谈，每次访谈时长15～90分钟不等。受访者年龄分布在18～40岁，属于中青年群体，与旅游分享的主要群体匹配。女性居多，这与研究时女性更乐意接受访谈有关。受教育程度为大专以上，本科生居多，研究生次之；职业分布较为广泛，包括公司管理者、企事业职员、教师、技术人员、学生等。受访者旅游经验较为丰富，社交媒体使用频率较高。样本概况如表2-3所示。

（2）分享资料收集　除了收集能反映分享者观点、想法的访谈资料，本文对受访者的分享资料进行了收集，在经过受访者同意并保证需要引用时采取匿名形式或隐藏一切可能泄露信息的情况下，共获得1658张旅游照片、432个文字片段与21个短视频。分享资料来自44名受访者，63次旅游经历（部分受访者拒绝提供分享资料，部分受访者分享了多次旅游体验）。由于这些分享资料均来自受访者，因此与从网络上各种旅游网站收集到的游记不同，本研究所收集的资料不存在真实与否的问题。并且笔者还能通过与受访者交流获悉这些资料是如何产生，有利于提高研究的效度水平。

表2-3　访谈样本概况

编号 Sample	年龄 Age	性别 Gender	教育程度 Education background	职业 Occupation	旅游经验 Travel frequency	社交媒体使用经验（类型及频率）Social media behavior: Types and frequency
S1	35	男	本科	公司高管	1～2次/年	微信、QQ、博客；经常
S2	36	女	本科	公务人员	1～2次/年	微信、QQ；经常
S3	28	女	本科	电视主持	1次以上/年	微信、QQ；经常
S4	25	女	硕士	学生	1～2次/年	微信、QQ、微博；频繁
S5	26	女	硕士	教师	1～2次/年	微信、QQ；经常
S6	27	男	硕士	产品运营	1～2次/年	微信、QQ、微博；经常
S7	26	女	硕士	银行职员	2～3次/年	微信、QQ；经常
S8	28	女	本科	公司职员	不定期	微信、QQ；经常
S9	25	男	本科	区域经理	丰富（含差旅）	微信、QQ、博客；经常
S10	26	女	本科	区域顾问	丰富（含差旅）	微信、QQ、微博；经常

续表

编号 Sample	年龄 Age	性别 Gender	教育程度 Education background	职业 Occupation	旅游经验 Travel frequency	社交媒体使用经验（类型及频率） Social media behavior: Types and frequency
S11	27	女	本科	事业单位	2~5次/年	微信、QQ；经常
S12	28	女	硕士	教师	2~3次/年	微信、微博；较常
S13	25	女	本科	市场营销	4~5次/年	微信、QQ、微博；经常
S14	25	女	本科	公司职员	1~2次/年	微信、QQ；经常
S15	32	女	本科	公司职员	2~3次/年	微信、QQ、微博；经常
S16	29	女	本科	房企职工	3次以上/年	微信、QQ；经常
S17	30	女	本科	公司职员	2次以上/年	微信、QQ；经常
S18	24	女	本科	公司职员	1次以上/年	微信、QQ、攻略网站；经常
S19	22	女	本科	学生	3~4次/年	微信、微博、Instagram、Facebook、Twitter；经常
S20	28	女	硕士	事业单位	2~3次/年	微信、微博、马蜂窝；较常
S21	30	女	大专	行政人员	2次以上/年	微信、QQ；一般
S22	24	女	硕士	学生	1次/年	微信、QQ；经常
S23	28	女	硕士	记者	2次/年	微信、QQ；频繁
S24	30	女	本科	公司职员	2次/年	微信、QQ；经常
S25	24	女	本科	学生	2次/年	微信、QQ、微博；经常
S26	26	女	硕士	公司职员	2~3次/年	微信、QQ；经常
S27	28	男	硕士	公司职员	1~2次/年	微信、QQ；经常
S28	27	女	硕士	房地产策划	2~3次/年	微信、QQ；经常
S29	30	男	本科	公司职员	5~10次/年	微信、QQ、博客；经常
S30	22	女	本科	学生	3~4次/年	微信、QQ、微博；频繁
S31	35	女	本科	销售	2~3次/年	微信、QQ；经常
S32	28	女	硕士	教师	1~2次/年	微信、QQ、微博；经常

续表

编号 Sample	年龄 Age	性别 Gender	教育程度 Education background	职业 Occupation	旅游经验 Travel frequency	社交媒体使用经验（类型及频率） Social media behavior: Types and frequency
S33	28	男	本科	编程	0～1次/年	微信、QQ；经常
S34	27	女	硕士	公务人员	3～4次/年	微信、QQ；经常
S35	28	女	博士	教师	2～3次/年	微信、QQ；经常
S36	28	女	硕士	保密	1次/年	微信、QQ；经常
S37	29	女	本科	客户经理	3～4次/年	微信、微博；经常
S38	30	女	本科	公司职员	1～2次/年	微信、QQ；经常
S39	28	女	硕士	个体户	1～2次/年	微信、QQ；经常
S40	29	女	本科	外贸	1～2次/年	微信、QQ；经常
S41	36	男	本科	公务人员	1次/年	微信、QQ；一般
S42	27	女	本科	领队	不定期	微信、QQ；较常
S43	25	女	本科	辅导员	2～3次/年	微信、QQ；经常
S44	29	女	本科	公务人员	1次以上/年	微信、QQ；经常
S45	23	女	本科	公务人员	2次以上/年	微信、QQ；经常
S46	30	男	本科	公司职员	2～3次/年	微信、攻略网；经常
S47	30	男	硕士	行政人员	1～2次/年	微信、QQ；经常
S48	21	女	本科	学生	2～3次/年	微博、微信；经常
S49	28	女	本科	教师	1次/年	微信、QQ；经常
S50	33	男	大专	创业	不定期	微信、QQ；经常
S51	35	男	本科	财务	1次/年	微信、QQ、微博；较常
S52	22	女	本科	培训师	不定期	微信、QQ、微博；频繁
S53	19	男	本科	学生	不定期	微信、QQ；经常
S54	35	女	本科	公司文员	2～3次/年	微信、QQ；经常
S55	33	女	本科	培训机构	0～1次/年	微信、QQ；经常

第三节
研究资料分析

一、资料的三级编码分析

本研究的数据处理遵循扎根理论的要求进行。在每一次的访谈后对所获取的原始数据进行及时转录与整理,并进行编码分析。编码分析过程按照开放性编码—主轴性编码—选择性编码三级编码的步骤进行,具体编码过程如下。

1.一级编码——开放性编码

开放性编码是指将所收集的资料概念化、范畴化的过程。本研究借助定性分析软件Nvivo进行编码,对研究资料进行逐行逐句分析,获得4162个开放性编码。在开放性编码的基础上对其进行概念化,获取190个主要概念,包括虚拟在场、目的地认同、分享价值、提供参考、软件定位功能等。根据这些概念之间的从属关系、同意关系以及相关关系对这些概念进行分析归类,从而将相关概念聚拢成一个个范畴,实现范畴化。在此,本研究共提炼出56个范畴。表2-4列举了部分开放性编码的过程。

表2-4 开放性编码概念化与范畴化举例

访谈文本中的原始代表语句	概念	范畴
"等回到酒店,晚上睡觉前整理一下再发,因为外面没有wifi。" "机场等飞机无聊就发了一张出发的照片,没时间就不会特别去发。"	分享时段;网络情况;时间限制	影响因素

续表

访谈文本中的原始代表语句	概念	范畴
"最重要的是分享自己的心情跟快乐。"	分享心情	分享动机
"如果你拍的照片得不到别人关注,就不想再发了。"	寻求关注	
"有从众的心理,因为很多人都这么做。"	从众	
"一般是对当时景色有感结合当时生活中的事情,分享自己的领悟。"	景色与感悟	分享内容
"分享会促进我们去了解当地文化,有想和朋友分享旅游行程的冲动,所以对当地不一样的东西会更细致地关注。"	分享前准备;了解当地文化	影响路径,认知体验
"如果不通过文字和图片的分享,旅游的感受是零散的,分享思考过程会升华对当地的认知和感受。"	分享中表达;强化认知	
"分享旅行经历的主要目的是为了记录自己看过的风景、走过的路,不是为了得到别人的反馈或认可,别人的点评并不会对我有什么影响。"	记录(分享动机)	制约因素
"那时候看到很多人去泰国,所以就去了一趟泰国。看到朋友在朋友圈发了泰国一家特别有名的美食店,就特别跑去那个地方吃了一顿饭。"	目的地/餐饮选择;从众心理;线索心理	影响旅游决策

2.二级编码——主轴性编码

在完成开放性编码后,本研究共形成56个范畴。在此基础上借助典范模型❶"因果条件—现象—行动脉络—中介条件—行动/互动策略—结

---

❶ Strauss和Corbin(1990)在《质性研究的基础:形成扎根理论的程序与方法(第1版)》一书中,对扎根理论的资料编码进行了详细阐述,介绍了三级编码的步骤(开放编码、轴心编码、选择编码),并且在轴心编码阶段提出了一个编码范式模式(paradigm model),将不同类属联结起来:因果关系-现象-行动脉络(情境)-中介条件-行动/互动策略-结果。后来在第三版中在"行动/互动"部分增加了"情感"的内容。本书采用第一版所述的典范模型进行分析。

果"的逻辑关系对开放性编码所形成的范畴进一步整合，以提炼出更高抽象层次的范畴。如表2-5所示。

表2-5 旅游分享行为前因、实现、结果的典范模型

主范畴 category	典范模型 paradigm model				
	因果条件 causal condition	行动脉络 context	中介条件 intervening condition	行动/互动策略 action/interaction	结果 consequence
旅游分享行为前因	分享动机、分享限制/促进因素	旅游者具备分享动机，且限制分享的条件不存在或有所减弱	旅游体验质量、旅游照片、分享动机强度、分享重要性、朋友对旅游分享的回应	积极消除限制因素、获取好的旅游照片、挖掘美好事物	进行旅游分享
旅游分享行为实现	旅游分享行为前因	在前因的推动下，拥有相关分享内容的旅游者通过分享平台进行分享	自我概念	选择分享时段、分享平台、分享方式以及分享内容	旅游者完成旅游分享行为，并与移动社交平台上的朋友实现互动交流
旅游分享行为结果	旅游分享行为前因、旅游分享行为实现	旅游者完成旅游分享行为	分享内容、分享动机	分享前准备、分享中表达、分享后互动	旅游分享行为对分享者、浏览者产生影响；强化分享者的体验，促进下一次分享；引发浏览者的旅游欲望，为浏览者提供参考信息等

（1）**主范畴一　旅游分享行为前因**

旅游分享行为前因这一主范畴指旅游者在什么情况下会选择进行旅游分享。就访谈结果的分析看，很大程度取决于旅游者的分享动机、分享限制因素、旅游者的旅游体验情况（包括是否有美好的感受或感触、旅游者本身与其他人对旅游目的地的认同情况、所拍摄旅游照片的质量等）、旅游分享行为的重要性以及朋友对旅游分享的回应等问题。

（2）**主范畴二　旅游分享行为实现**

旅游分享行为实现这一主范畴是指旅游者在前因条件成熟的情况下，在旅游过程中或旅游结束后完成旅游分享行为。从对所收集资料分析结果看，旅游分享行为的实现涉及分享时段、分享平台、分享内容、分享方式、自我概念等多个范畴，并与主范畴一旅游分享行为前因以及主范畴三旅游分享行为结果相关。这些范畴又包括多个副范畴，如分享时段范畴包括旅游中与旅游后两个时间段范畴；分享内容范畴包括负面性质信息、正面性质信息、文字、旅游照片、视频、表情符号、旅游序幕相关内容、旅游开展相关内容、旅游落幕相关内容等多个副范畴。

（3）**主范畴三　旅游分享行为结果**

旅游分享行为结果这一主范畴是指旅游者完成分享行为后所促成的结果。它与对分享者的影响、对浏览者的影响、影响路径、影响限制条件等范畴有关。其中，对浏览者的影响涉及引发旅游欲望、初步印象、游览线索等副范畴；对分享者的影响这一范畴包括回忆体验、认知体验、情感体验、价值感知等副范畴；影响限制条件则涉及分享动机、分享内容等副范畴，影响路径包含分享愉悦性、分享的风险感知、分享互动、社会可见性、社会认同等副范畴。此外，旅游分享行为结果这一主范畴同样与旅游分享行为前因、旅游分享行为实现这两个主范畴相关。

根据各个范畴之间关系的分析，构建旅游分享行为结果的典范模型如表2-5所示。

3.三级编码——选择性编码

（1）**主范畴分析**　通过开放性编码与主轴性编码两个分析步骤，本研究获得了三个主范畴，即"旅游分享行为前因""旅游分享行为实现""旅游分享行为结果"。在选择性编码前，首先对这三个主范畴进行分析说明。

旅游分享行为前因是指影响旅游者最终实现旅游分享的各种因素。限制旅游者进行分享的因素繁多，包括网络状况、有无时间、与工作环境冲突、顾及隐私、目的地认同度低、是否获得好的旅游感受或遭遇负面事件、旅游照片的拍摄情况、朋友的回应情况等。分享动机同样多种多样，如为了记录、回忆、分享心情、寻求关注、寻求认同等多方面。当旅游者具备分享动机、分享心境，克服各种限制条件带来的困难进行旅游分享时，这一行为得以实现，即旅游者跨入旅游分享行为实现这一主范畴。旅游分享行为的实现情况如何，取决于分享时段、分享平台、分享内容、互动交流以及自我概念的交互作用，进而这些交互作用影响着旅游分享行为的结果。旅游分享行为结果包括分享给旅游者本身带来的影响以及给浏览者带来的影响。此间的影响机制及影响机制所发挥的作用与"旅游分享行为前因""旅游分享行为实现"两个主范畴息息相关。这三个主范畴是互相影响、循环进行的动态过程。

（2）**核心范畴选择**　通过以上分析，本研究认为可以用"旅游分享行为动态过程"作为核心范畴，将"旅游分享行为前因""旅游分享行为实现""旅游分享行为结果"三个主范畴关联起来。

由此，本研究完成了"旅游分享行为动态过程"理论的扎根建构过程，下一节将分别从旅游分享行为前因、旅游分享行为实现、旅游分享行为结果三个方面进行具体解释，并在解释的基础上绘制理论模型图。

二、数据分析辅助工具：Nvivo

本研究采用质性分析软件Nvivo10.0作为研究资料整理与分析的辅助工具，具体包含三个步骤。首先，借助编码的动作，将原始资料编码为自由节点，进而将其归类到树状节点中；其次，通过连接的方式建立备忘录、批注等，撰写备忘录是数据分析中的关键一环，此过程说明了原始资料、节点以及连接三者之间的关系；最后，利用Nvivo10.0所提供的查询功能发掘编码、进行文本分析等并形成研究结论。

第三章
旅游分享行为的前因

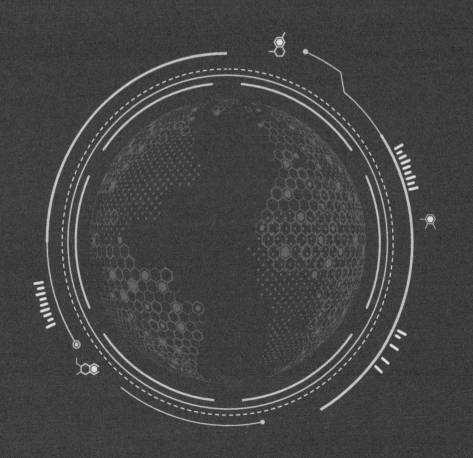

第一节
旅游分享行为的影响因素

影响旅游分享行为的因素,从访谈结果分析看,主要包括网络状况、时间限制、分享设备状况、旅游者状态、分享平台便利性、工作环境冲突、隐私、目的地体验情况、朋友的回应情况等。

(1)网络状况 对于通过网络社交平台的分享行为而言,有无网络——特别是移动设备上网所需要的 WiFi 或数据流量是分享能否进行的前提条件。网络状况如何,直接影响旅游者的分享时段与分享积极性。多数旅游者(特别是境外旅游者)由于通信条件的限制,会选择在能连接上无线网络的时间段里进行分享,通常是在酒店的休息时间。并且网络速度同样会影响分享的积极性,不少受访者表示网速慢会降低其分享的积极性。

"都会等到回到酒店,晚上睡觉前整理一下再发吧,因为外面没有 wifi 哎,国内还好,国外好像没办法发。"(S17❶)

"晚上有 wifi 的时候发。"(S22)

"我一般都会实时发布照片,所以我出游一定会保证自己网络畅通。"(S12)

(2)时间限制 时间同样是分享行为的主要限制因素之一。旅游是一种消费闲暇时间的行为,分享行为本身也需要花费一定的时间,从而

---

❶ S 代表 Sample 即受访者样本,下同。如 S17 表示编号 17 的受访者,S22 表示编号 22 的受访者。

间接地影响旅游体验时间,这也是旅游者选择在休息时间进行分享的主要原因。有受访者甚至认为分享的过程会浪费时间,如受访者表示"如果旅游中或旅游结束后没有分享旅游照片我觉得很正常,我觉得分享的组织过程只会浪费我的时间。"(S47)因此,在旅游过程中由于行程安排紧密或者其他因素导致没有时间进行分享的情况不乏有之;相反,由于时间充分,特别是在交通时间或其他等候时间进行分享的情况也是常有之事。如受访者由于"机场等飞机的时候无聊就发了一张出发的照片"。(S3)

(3)分享设备状况 分享设备主要指手机、ipad等移动设备,旅游者借由这些设备在移动社交平台分享旅游体验。因此手机性能(特别是拍照效果)、状况(有电与否)等情况以及是否用手机拍照都会影响到旅游者是否进行分享以及能否进行分享。如受访者所提及的"去爬雪山因为温度太低,苹果手机一直频繁的死机,既不能拍照,也不能发微信分享"。(S53)

(4)旅游者状态 旅游者状态主要包括旅游者的心情状况以及旅游者的个体特质。旅游体验分享行为本身极具主观性,是否分享,分享什么内容,以什么形式分享都取决于分享者的主观决定。因此心情在分享行为中扮演着重要的角色。心情好会推动分享行为,心情不好则可能会抑制分享行为的进行或影响所要分享的内容。如受访者会因为心情好就"晒一下"(S2),受访者S38则会因为心情不好而没有心思发状态。

"心情好的时候我就会想说,哎呀,晒一下吧。"(S2)

"那个时候应该也不会想拍照,也不会想去构图,没有这种心思,因为心情不好。心情好开心了我们才去拍照,拍照的同时再去跟别人分享。"(S38)

此外懒或避免麻烦的个体特质也会抑制旅游者分享行为的进行。如一名受访者表示，"我比较少分享，除非看到一些很特别的，国内看不到的会想要跟大家分享一下吧。比较少分享的原因，一方面比较懒，一方面觉得是隐私。"（S14）另一名受访者因为旅游的时候一般带相机去，而"相机里面的照片要分享就比较麻烦，所以就没有分享"。（S47）而乐于分享的个体特质则对旅游分享行为的实现产生促进作用，不少受访者表示他们喜欢分享，因此分享对其很重要。

（5）分享平台便利性　诸如微信、QQ等移动社交平台的便捷给旅游者分享旅游体验带来了极大的便利性，促进了旅游者的分享行为，在一定程度上提高了旅游分享的频率。正如受访者所言"主要是社交平台这几年发展得很快，而且智能手机和平板的发展也促进了这种行为"。（S39）另一名受访者则表示微信的即时性更强，"喜欢即时分享。现在很多人都这样，发张照片加上GPS定位，不过整篇游记还是会旅行结束整理好再发，发布的平台不一样。朋友圈这种就是比较即时一点的"。（S37）

（6）工作环境冲突　旅游是一种暂时离开惯常环境进入他乡异域进行体验的行为，在旅游地旅游者可以暂时挣脱常态生活、工作环境的束缚。然而，在基于现实人际关系的移动社交平台上，分享旅游体验的行为再次将旅游者与其常态环境联结起来，旅游世界与生活世界出现了交织。这种情况下，常态环境的社交圈具备获悉旅游者状态的条件，从而可能造成一些冲突。特别是当与工作环境相冲突时，旅游者不得不放弃旅游体验分享行为，毕竟工作才是常态环境的重点之一，而旅游仅仅是暂时的游离。工作环境冲突是通过基于现实人际关系的移动社交平台进行旅游分享所特有的限制因素。

"去上海我是周末双休去的，是请假去的，我经理说去那边就不要发了。就是怕同事会眼红，因为我很多同事是要上班的。

虽然去是我自己的事情，但是怕人家说自己都不能去那些地方啊什么的，同事会有闲言闲语。所以经理叫我就不要发了。然后很多东西拍完了我就存在手机里。其实有很多好看的东西，我是很想发的。看到别人在发我心里就会很郁闷，哎呀，不能发，太可惜了。"（S38）

"如果说我上班出来的话，我不想让很多人知道的话，发那些东西当然就肯定会有冲突了，我就不会想发太多，或者甚至不发，等回来再发。因为我在上班嘛，有时候不想让同事和其他人知道太多。"（S2）

（7）隐私　网络给人们生活带来了极大的便利性，但同时也带来了信息的安全隐患。网络时代信息的不安全性是旅游分享行为的一个抑制因素。不少受访者提到其不喜分享太多或不怎么分享的原因是出于对个人隐私的保护，不喜欢晒太多私生活或者不喜欢公开个人照片。

"因为可能我自己本身也不是很喜欢在朋友圈或者是公共空间分享或者晒很多私生活这种吧！"（S23）

"个人觉得微信比较隐蔽，空间大家都可以看得到。而且朋友圈只能放9张，QQ空间可以放上百张。个人照片我不喜欢太公开。"（S30）

"我不太喜欢在网上留下很多痕迹，感觉现在的信息不太安全。"（S20）

（8）目的地体验情况　不少研究表明分享行为受体验情况的影响。消费者的体验质量会对分享内容产生影响。正如陈才（2009）所指出的，"游记是对旅游过程中所见、所闻与所感的一种记述，往往是游后有感而发，触动其心灵深处，诉诸笔端，常常能够表达出许多难以言传的旅游体验"。人们在旅行中的体验能直接影响到作者的心态和游记的内容。本研究通过扎根理论也验证了这个结果。不少受访者表示因为旅游体验中深有感触或获得快乐感受而希望将快乐、感想分享给朋友，这也是分享动机之一。同样的，在旅游体验中如遭遇负面事件，不少旅游者也会选择在移动社交平台以委婉的方式进行分享，一则是对负面情绪的宣泄，一则是给朋友提供借鉴。也有受访者表示当自己认为旅游地不值得分享的时候他们也不会进行旅游分享。可见，对旅游目的地的体验满意度高低影响着分享行为。

（9）朋友的回应情况　旅游者进行分享后朋友的回应情况会影响旅游者的下一次分享行为。朋友对旅游分享的反馈越积极，分享者与浏览者的互动交流越多，越能促进旅游分享行为的进行。从拟剧理论[1]的角度来看，旅游分享作为一种体验呈现的表演，观众的回应是推动表演的重要动力。特别是对寻求关注或寻求认同的旅游分享者而言，所分享的内容未能得到朋友的关注很大程度上会对其下一次的分享产生抑制作用；能得到朋友的回应则会有再继续分享的意愿。

> "一般分享出去以后，别人都会给你点赞，回复评价，如果有赞美之词的话，会觉得很开心、很快乐。然后会给你更大的动力去再次分享。想着以后有更好的东西要再继续分享出去。"（S1）

---

[1] 美国社会学家戈夫曼于1956年在其著作《日常生活中的自我呈现》中提出拟剧理论解释社会化中个体之间的互动，他将社会比作舞台，社会成员比作表演者，进而解释人们的日常生活。表演者由于重视自己在各种社会场景中的形象，因此采用不同技巧管理自己在他人眼中的形象，即所谓印象管理。在印象管理过程中或者互动过程中，个体总是渴望被积极看待，避免被消极看待。

第二节
旅游分享行为的动机

了解并理解分享者的旅游体验分享动机不仅能让我们更全面地把握旅游分享这一行为，也为分析旅游分享影响机制的限制条件奠定基础。通过对深入访谈的结果分析，得出八个主要分享动机，分别是记录、回忆或留念，分享心情、感受和美景趣事，加强社会联系，寻求关注，提供借鉴或信息，寻求认同，影响别人的行为、情绪或观点，以及从众。

（1）记录、回忆或留念　记录、回忆或留念是最多受访者提及的分享原因，他们将分享视为一种记录历程的方式，正如受访者所说的，"*为最好的时光留住个影子*"（S11），便于日后回忆留念。我国旅游业正处于大众旅游初级阶段向中高级阶段演化的时期，旅游消费进入老百姓的常态化消费需求，成为人们日常生活的重要组成部分。尽管旅游越来越成为一种常态化的消费形态，然而，在不少人心中，旅游的时光相对于惯常生活环境而言不可不谓之快乐美好，值得记录一番以待回忆。

首先，旅游将旅游者带离日常生活的樊笼，让他们进入一个相对新鲜的异域空间，在新的环境里感受异域美景美食，体悟他乡风俗文化。在这样的刺激下更能唤起旅游者在日常生活中相对固化的思想，强化他们对外界的感受，因而不少旅游者总能在行程中有所感悟。然而这种感悟同时也是一瞬即逝的，如果不及时记录，也许当旅游者回到惯常生活环境中后那种感受已经不复存在，此种情况不免让旅游者留下遗憾。因此，不少旅游者通过分享记录下当时所见所闻所感，留住旅游带给他们的宝贵感悟。

"如果要说有的话，可能也是为了想要记住旅行过程中的那种感受和当时的心情。因为脑海中的一些灵感，还有当时在旅行过程中的振奋、激动、惊喜，这种感受来自一些美景或者说看到的一些风土人情的刺激，那种当下的感受是非常美妙的，而且也会转瞬即逝！所以就会用镜头用眼睛记录这种每一刻吧！"（S23）

其次，通过移动社交平台的分享，让人们可以随时随地翻看以前的旅游分享记录。在翻看中，回忆当时的点滴情怀，重温旅游的美好时光。这对于被现实生活、工作压力所桎梏的人们来说，不失为一种减压的好方式。同时对于日常生活中处于积极情绪状态的人们而言，也可谓锦上添花。正如在第二章文献回顾所提及的，高度自动化的计算机应用能够协助人们对美好时刻的体验、记忆与再体验，进而帮助人们发展乐观的生活态度。

"每次旅行中和旅行结束后的分享对我来说是对自己感受和经历的记录，没事的时候我也会回过头去看一看，回忆一下，在现实的繁忙与压力中，回顾一下之前旅游的美好也是放松心情的一种方式。"（S31）

（2）分享心情、感受和美景趣事　分享心情、感受和美景趣事这个动机实际上与记录、回忆或留念的动机是一脉相承的。旅游者将旅途过程中所遇到的美景趣事、所体悟到的情感进行记录并分享，进而这些分享成为他们回忆的载体与平台。旅游是一种心情或者说是情感的释放与实现过程，而这种心情因人而异，通过旅游所欲释放的情感以及所能实现的情感同样因人而异，正是这种差异赋予了旅游意义的独特性。对每个个体而言，旅游对其的意义都是不同的。在这种情况下，心有所感则言语表之，因此，心情的表达、快乐的传递、感受的表露成为分享的主要动机之一。除了旅途中的心情、感受外，异域风光的美丽、可遇不可求的趣事也是不少受访者在社交平台上进行分享的主要因素。独乐乐不如众乐乐，将这些美丽有趣的事物结合旅游的心情进行分享，与朋友们众乐乐，是不少受访者进行分享的初衷。

"与更多人分享我看到的美丽的事物。"（S29）

"如果只说那个景点，所有人照出来的照片可能都一样，或者说还不如人家那种旅游摄影的照片照得好，但是如果我在这个场地下，一旦发生了自己觉得很有趣的事情，自己的感受和当时的那个美景联系起来，真的很有趣的我就会发布。所以我的心态是'好玩啊'。比如说，本来这个风景很美，结果我发生了一件狗血的事情，那我就一定会发布。在这么美的风景下，剧情又很狗血，这样子比较好玩。就是看到什么东西比较好玩，就是记录式地拍照，把它综合起来，觉得在今天有什么样的心情，就像写日记式地发一下。"（S35）

不少受访者重视感受的即时分享，认为即时分享更能表达自己当时的心情或感受。针对这种需求，移动社交平台体现了其优势：强时效性。移动社交媒体的传播有赖于移动终端的迅速发展，智能手机等移动设备的普及，不仅为信息传播提供了有效的渠道，也极大地增强了信息传播的时效性。智能手机、平板电脑等移动终端的可随身携带性给信息传播带来了极大的便捷性，用户可以随时随地获取或分享信息。这种超强的时效性让用户之间的互动交流真正实现了超越时空局限性，实现了虚拟与现实的无缝对接。这也是越来越多的旅游者选择微信这类分享媒介的原因之一。

"但是毕竟这些（照片）都还是在的，就是等到回去以后慢慢整理，再慢慢发。但是还是不及在旅游的过程中发，那一种感觉会更好。一个是充分利用了时间，还有一个也是怕时间久了以后会忘记当时的一些心情,或是当时的一些感想之类的。"
(S53)

(3) 加强社会联系　社会联系是一种个体发展并维持与其他成员关系的行为倾向,社会联系的需要程度因人而异。高社会性的人更倾向于人际关系的发展,愿意花时间与他人互动。从访谈结果来看,加强社会联系是另外一个重要的分享动机。特别是在社交平台进行的旅游分享,即使不是受访者进行分享的首要原因,它也会自然而然带来这样的效果,因为分享本身就是一种社交行为,能增进朋友间交流的话题。

值得指出的是,本书第二章认为和朋友家人一起进行旅游活动可以加强结合型联系,即情感紧密联系的人际关系;分享体验可以维护桥接型联系,即所谓的"熟人"关系。然而,访谈结果表明,分享体验不仅可以维护桥接型联系也有利于结合型联系的深化。主要原因在于本研究所关注的分享媒介微信、QQ这类基于现实人际关系的社交网络,在这些分享媒介的朋友圈中家人朋友占了很大的比例,因此通过这些媒介进行旅游体验分享自然能够让家人朋友了解自己的近况,加强联系。

"我觉得分享会拉近朋友的距离,大家都知道我的近期生活怎样,不会相见的时候没有共同语言,更重要的是远方的亲人都会看到,不会担心我的生活。应该是给亲人和朋友的一个交代,我活得不用大家操心。"(S55)

"也有一部分原因是父母也加了朋友圈,要求实时汇报。"(S43)

"微信朋友圈或QQ空间一般是关系比较不错的亲朋好友,所以让他们知道的话会觉得是一种快乐的分享,延续。"(S1)

"另一方面就是一些关系比较好的同学看了我的微信就可以知道我最近怎么样啊,我在干嘛,或者说我最近过得挺好

的……不至于让朋友觉得我消失了。"(S4)

此外，旅游体验分享行为能够加强人们的社会联系很大一部分得益于互联网技术。Mascheroni（2007）指出，移动通信与计算机介导的沟通方式能让人们更快速地进行社会联系，从而深化人与人之间的关系。随着现代化社会进程的不断加快，传统乡土社会关系结构遭到彻底的颠覆，人们的流动性大大加强，似乎朋友总是分散在各个地方，面对面的联系越来越难。在这种情况下，互联网技术大大地改变了这种互动困难的局面，这一技术让我们可以快速地与人、地方、文化进行联系。通过互联网技术与移动技术的旅游体验分享在这个意义上极大地强化了社会联系。并且旅游是一种能让朋友增进交流的话题内容，受访者表示，旅游分享给朋友之间带来了可交集的话题，进而增进联系。

"现在朋友分散在全国各地，我在微信上分享一个东西，别人关注什么的，然后有一个简单的互动，就是感觉蛮亲切的，会促进和朋友的关系。"(S6)

"还有就是形成一种良性的交流，人和人之间可能有不同的兴趣爱好，不容易交谈，但是只有旅游、玩、吃喝是大多数人共同的兴趣，大家都会对这类话题感兴趣，是增进交流的机会。"(S46)

（4）寻求关注　除了记录、分享与加强社会联系这三种动机，当被问及出于什么想法进行旅游分享的时候，不少受访者表示了寻求关注的倾向。从心理学上说，几乎没有人不希望被人关注，不管这种关注是来源于自恋或者是自身价值被认可的需要。社交平台为人们寻求关注提供了一个极佳的渠道。寻求关注的心理会让分享者在意多少人关注了自己，希望关注越多越好。也有受访者会为了获得别人的关注而采用特别的方式，如调侃自己。

"手机用习惯了，像素也还可以，看到漂亮的风景自己拍一拍就发到朋友圈或微博。第一个是挺开心的，第二个就是发出去以后别人会关注你。"（S6）

"寻求关注，就是发到网上后会看看有多少人看了，希望数字越多越好。"（S32）

"我会为了得到别人的关注而去调侃自己，这是我发现的。我也是这次发现的，有这种特点。就是基于幽默、基于调侃的分享，也是为了获得关注吧。"（S13）

此外，多名受访者直言自己的旅游分享行为带有虚荣心的意味。虚荣心是人们为了取得荣誉或引起普遍的注意而表现出来的一种社会情感和心理状态，旅游分享的这种虚荣心同样来源于寻求关注的心理。

"很多人都会觉得我去过很多地方，那就再增添一笔嘛。可能也有虚荣心作怪吧。"（S10）

"大概就是有点炫耀的感觉，我又来此一游之类的，大概有这样的意味在里面。"（S24）

"其实有的时候就是觉得特别想要发微信呀，让别人知道自己在做一些很好玩的事情，这样就觉得蛮开心的，可能就是虚荣心在作祟吧。"（S44）

（5）提供借鉴或信息 提供借鉴或信息这个动机事实上是利他精神的一种体现。正如第一章所论及的，利他是个体在旅游虚拟社区中进行分享的一个重要动机。本书的访谈结果表明在移动社交平台的分享同样存在这样的动机。不少受访者指出自己进行分享的一个重要原因是给朋友提供参考，希望自己的分享能给朋友带来一定的借鉴价值。并且有受访者指出，当自己的分享对别人有所帮助时，会觉得自己的旅游更有价值。

"可以给大家作参考。"（S49）

"还有一个原因是说跟朋友圈分享，跟朋友推荐，我去过这个地方。这个地方好还是坏，我今天来帮你们评估。就是说这个地方值不值得你来呀，我主观上会做一些评论，然后就给朋友圈放一些借鉴，有一些借鉴价值。"（S54）

"通过你这个东西（分享）可能给别人一点建议或者是什么。这个时候如果他们有回馈给你的话，比如说让你把这几天每天的行程做一个总结，为他们下一次自由行或跟团行提供很多建议和意见的时候，你就会觉得说这趟旅行还是值得的。"（S3）

（6）寻求认同 "认同是一种心理过程，在这个过程中，主体吸收另一个主体的某个方面，根据那个主体提供的模式全部或部分地被改造，个性或自我则在一系列的认同中形成"。实际上就是个体如何在各种植入自我的影响中，获得一个一致性的自我。认同给个体提供了对自己以及与他人关系的定位，防止人们陷入认同危机而彷徨焦虑，影响身心健康。根据社会认同理论[1]，可以将认同定义为自我意象或自我概念。它是对作为客体的自我的态度，或是对于自我的评价，是自尊。社会认同理论认

---

[1] 心理学意义上的认同一词最早由弗洛伊德提出，他认为认同是个人或群体在感情、心理上趋同的过程。在此概念基础上，埃里克森提出了自我同一性，并将同一性分成自我同一性与集体同一性。20世纪70年代，塔菲尔和特纳等人提出社会认同理论，这一理论揭示了群体行为的内在心理机制，是群体关系研究中最具影响力的理论之一。根据塔菲尔等人的定义，社会认同包括个体的自我意向，即源于个体认为自身所隶属的社会范畴。社会认同就是个体对其群体资格积极的认知评价、情感体验、价值承诺等（汪新建，2010）。社会认同理论的基本假设是，通过将自己定义为某个特定社会关系群组的一员，群组成员借以确立了来自所属群组的社会认同。

为，个体力求维持或提升他们的自尊。由此，寻求认同成为一个重要的分享动机。当分享受到肯定时，分享者会更认同旅游目的地，或者更有动力应朋友的要求去再次分享或多分享。

"就是一种分享的快乐以及找到认同和存在感吧。"（S12）

"对，想获得认可。因为我是一个人出去玩，比如说我看到一个东西很有感触，我旁边也没有人可以说，所以我发在朋友圈里面就是希望寻求共鸣吧。"（S20）

受访者同时也指出，具体是否分享的一个重要原因要看目的地是否值得分享。当旅游者认为自己所要分享的内容，特别是目的地无法获得认同时，寻求认同心理的动机会抑制这种分享行为。对目的地的认同感会影响旅游分享行为的进行。

"如果旅行目的地是朋友常去的地方或旅行中没有美好的记忆，也觉得没有必要发照片分享。"（S39）

"你发出来一个目的地，你周边所有人都去过了，而且去过不知道多少次了，你才第一次去的话，你会觉得说，你看，人家基本上去得都不爱去了。这种的话，就没有认同感。"（S1）

（7）影响别人的行为、情绪或观点　此动机的提炼与社会心理学的社会影响理论相关观点不谋而合。群体生活是人类最基本的生活方式，群体由个体组成，是个体的有机组合。群体生活总是充满影响与被影响，有的人倾向于去影响他人、改变他人，有的人则更容易服从他人，顺应他人。他人或群体的存在会对个体的认知、态度、情绪等产生影响，即所谓的社会影响。社会影响是指在社会力量的作用下，引起个人信念、态度、情绪及行为等发生变化的现象。社会力量来源广泛，可来自个人也可来自群体。根据Raven和French（1959）的观点，信息是社会力量的六个来源之一,即人们可通过给别人提供其所不知道的信息或逻辑推论的方式来影响他人❶。在访谈中有一部分受访者希望通过分享将自己所拥有的关于目的地的信息传递给他人,进而影响他人的行为、情绪或观点。

"希望更多的朋友热爱旅游,传递正能量嘛。不是说,看书或者旅行,身体或心灵至少有一个要在路上吗?因为很多人看了以后会发信息给我,说让我带上她一起旅行,也有人看后表示好想出去玩啊,我觉得多旅行不是坏事,所以,希望能够影响朋友们嘛。"(S32)

"最根本的想法就是想把这种高兴的感觉传达给身边的朋友,也希望他们能像这样出去休假旅游获得快乐。"(S46)

"是希望他们看到我发表的东西以后也会有点幸福感。即使说我今天不开心,我看了你的微信也会微笑一下那种,想感染一下大家。"(S2)

(8)从众 社会影响中,有影响者必然也存在被影响者。个体接受社会影响的方式多种多样,从众是其中的一个主要方式,它涉及群体对个人的影响。Myers(2008)认为从众是个体在真实或想象的群体压力下改变行为与信念的倾向。就分享行为而言,从众更多是表现为对长期占优势的观念与行为方式的接受,即周边的参考群体,特别是朋友圈都在进行分享行为,个体自然而然接受这种新的行为方式。

"有从众的心理吧,因为很多人都这么干啊。"(S32)
"我觉得有必要发一发呀,就是跟自己朋友圈的朋友做个互

---

❶ Raven & French(1959)区分了社会力量的六个来源,包括奖赏、惩罚、专家意见、参照群体的影响力、信息以及合法权威。转引自汪新建.社会心理学高级教程[M].合肥:安徽人民出版社,2010:164-165。

动啊,而且像这种节假日大家都在旅游,都会分享,就是一种风气吧!(S54)

"出于什么想法分享,应该是随主流吧,看别人在晒幸福,我们也要晒一下,这样而已。"(S24)

进一步剖析分享行为的从众心理,事实上它与建构论者的"植入自我"有关。根据社会建构理论,后现代社会里,人的行为、感觉和思维取决于"我和谁在一起""我正在做什么"等更为具体化的场景或情境。其他人的行为、观点都会对自己的内心产生影响,模仿与被模仿将自己变成了他人与自我的组合,别人的做法成为自己的做法。因此,有的受访者会因为看到别人的旅游分享行为,自己也跟着分享或者说认为自己应该分享。

第三节
旅游分享行为前因讨论

上文详细阐述了旅游分享的影响因素与动机,这些在一定程度上解释了越来越多的国内旅游者选择移动社交平台进行旅游分享的原因。旅游分享行为虽是个体行为但其发展状态已然成为一种社会现象,其内在动因不仅在于个体行为层面,还需从社会关系、社会结构等层面进行探讨。下文进一步讨论为什么在移动社交媒体时代这类旅游分享行为会成为普遍的社会现象。

(1)从个体层面看,分享行为不仅是旅游者体现存在感的一种方式,也是记录生命历程的途径之一,更是凸显其"主体性"的一种表达。

首先,体现存在感与人们"保持联系"和寻求关注的需求息息相关。

随着传播技术的发展，个体的这种需求不再局限于通过现实世界的交往达成，而能借助虚拟的传播手段，如移动社交媒体的旅游分享，实现与已知的他者和更广阔世界联系。分享媒介所带来的虚拟场景给旅游者提供了"在场"的可能性，旅游者将自己的旅游体验信息放进媒介信息流里，以维持自己的公众存在，即刷"存在感"，并借由浏览者的回应实现被关注的需求。

其次，旅游分享也是对个体生命历程的记录。旅游在个体的生命轨迹中是一种延续期较短的转变，同时也是相对特殊的生命事件。在旅游中旅游者体验了当地并收获各种感受与体悟。这些感悟，是个体生命轨迹中某一特殊时期、特殊事件的见证。对这些旅游时光或感悟的记录与分享事实上是对自己生命历程的回顾，是重温生命轨迹的重要方式，这些分享成为旅游者生命历程中的时间地标。并且，就旅游行为而言，其产生与结束代表着旅游者角色的建立与丧失，这种转变的延续期短且容易被遗忘，因此需要通过分享记录来强化旅游者角色转变带来的不同，彰显旅游经历相对于日常轨迹的不同色彩。

最后，从主客互动关系来看，旅游者是分享主体，而浏览者是从属的他者。通过分享，旅游者能够在其所建构的旅游世界里凸显主体性。体现在：其一，网络与媒介的发展赋予了分享者极强的信息控制能力，分享者可以自主选择分享的内容并可借助移动社交媒体的可见性设置，决定分享内容的浏览者是哪些人。其二，旅游分享是主体在文化认知和文化行为中凭借一定的意义结构进行自我定位的一种行为，通过分享符号，旅游者完成了对自我价值取向的认识及对文化环境的体认，从而不同的旅游者完成了不同形式、不同特点的旅游分享。

（2）从社会层面看，与社会时间表及社会互动需求有关。个体层面更多关注旅游者角色带来的身份变化及行为变化。但个体层面的变化还需与社会层面因素相联结才能更准确地发现旅游分享行为在不同群体中的异质性。旅游分享虽然成为社会现象，但在年龄层上主要集中于中青年群体，这不仅与个体因素有关，还跟分享者的社会时间表、年龄段身份、年龄规律有关。从对互联网及媒介技术的掌握情况看，中青年群体更愿意也更有能力通过各种传播技术进行旅游分享；且在社会时间表上，这一群体属于急需在社会中建立自我形象并巩固社会联系的群体，他们愿意也需要与更广阔的世界产生联系，因此借助旅游分享这一行为以增强个体与社会的联结。这也是越来越多的人愿意通过移动社交媒体进行分享的主要动力——弱关系的社交联系在多数情况下让位于强关系网络。此外，社会层面的解释可借助社会互动概念，从旅游分享动机中不难发现社会互动在分享行为中的重要性。诸如加强社会联系、寻求关注、寻求认同等多种动机都来源于个体社会互动的需要。人们希望从社会互动中获得相应的情感满足，如归属感、满足感、安全感等。正如分享现实理论指出的，人们对现实的确认需要通过他人的社会验证，而分享行为不仅能满足人们对认知事实的确认，也能满足社会归属关系的确认，进而提升分享者的人际关系构建与情感满足。

（3）从历史层面看，与传播技术变迁及旅游社会表征转变有关。传统媒体时代，由于传播技术的局限性，大部分旅游者是在行程结束后通过照片或赠送纪念品等方式向熟人叙说旅游经历。这时期的分享具有极大的物质空间局限，限制了旅游分享的普遍兴起。随着网络的普及与社交媒体的使用，旅游者能通过各种社交媒体分享旅游经历。特别是移动社交媒体的发展让分享时段由旅游后拓展成随时随地，极大地促进了旅游分享的普遍性。此外，旅游社会表征的转变也是一个推动力。在历史长河中，旅游逐渐从精英式行为转变为大众消费行为，就整个社会群体来说，个体的旅游行为已不再新鲜或殊异，没有必要也没有时间聚起三五好友畅聊旅途趣事。但对个体而言旅游在其生命轨迹中仍是浓墨重彩的一笔，需要一个途径来抒发旅游这一逸出性时间所带来的感受，并且在匆忙的社会环境下不需要占用太多的时间精力。因此，通过移动社交媒体的碎片化体验分享就恰到好处地发生了。

正是这些层面的因素，促使旅游分享成为旅游者的行为习惯之一。有受访者指出，不进行旅游分享会让其有遗憾、可惜之感，乃至觉得旅程不完整。

"就是原来旅行的快乐是80分，可以分享的话就是90分，如果得到很多朋友的肯定那就是100分了，现在突然不能发了，旅行的快乐可能只有75分了。"（S12）

"分享是旅游过程中或旅游之后的必要组成部分，不分享会觉得缺少些什么。"（S27）

"会觉得好像不完整，如果能都发完算是一个结片嘛。"（S10）

甚至，不进行旅游分享会让受访者觉得自己的旅游蓝图缺失了一段，就好像没去过一样。由此，旅游分享的重要性可见一斑，分享本身已经成了体验的一部分。就像对绝大多数旅游者来说，旅游拍照是不可缺少的组成部分；或许不久将来的某一天，旅游体验分享也会是必不可少的步骤，是旅游体验的一部分。正如米德所言："一切有价值的事是共同享有的经验。那些我们可能认为纯属个体的经验，如对自然的经验，对一本书的欣赏，如果能与他人分享将得到极大的增强"。

"觉得自己的旅游蓝图中遗漏了一段，哈哈，甚至觉得划不来，因为我去了却没留痕迹，以后忘了去时看了啥吃了啥长啥样的话，不就跟没去一样吗？"（S26）

"不分享就感觉好像没去过这个地方，因为我是一个喜欢分享的人。不分享的话会觉得出来玩但没有留下一些纪念性的东西，会有这种感觉。"（S9）

"如果是第一次去的地方，就觉得没有去过一样……最少也发一张，定个位，就像'到此一游'一样。"（S19）

第四章
旅游分享行为的实现

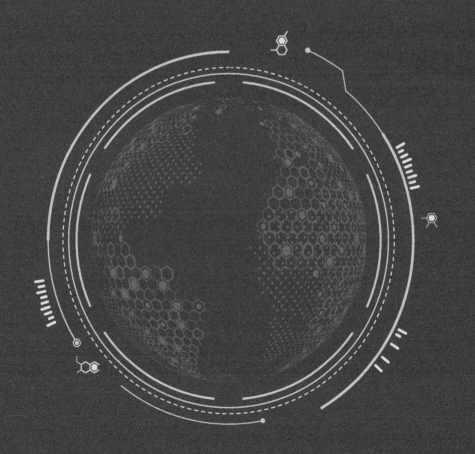

根据这一主范畴的典范模型，旅游分享行为的实现涉及多个范畴，即旅游者在某个分享时段，通过某种或多种分享媒介，在自我概念的影响下以特定的分享方式将某些分享内容呈现给观众，从而实现旅游分享这一行为。旅游分享行为实现意味着旅游者在移动社交平台上完成了旅游体验的构建，并将之展示给社交平台上的朋友实现互动。事实上，旅游分享的本质是一种社会互动，一种蕴涵着一定社会表征的符号化行为。在旅游学界，旅游是一种符号消费的观点已经得到不少学者的认同，整个旅游体验过程其实是一个符号的解读过程。旅游者在异地收集、解读旅游符号达成旅游凝视从而获得愉悦感。出于多种动机将这些收集来的符号以某种方式重新设置，并呈现给他人已是众多旅游者的行为习惯。可以说，旅游分享是一个符号解读与重构的行为，旅游者通过释放这些符号与他人互动。

第一节
旅游分享的符号重构与符号互动总述

一、旅游分享的符号重构

从符号互动理论❶的视角看，旅游分享本质上是一种符号互动。旅游

---

❶ 符号互动理论于20世纪60年代在美国兴起，是由几种理论组成的体系，代表人物包括米德、布鲁默、库利、戈夫曼等。该理论认为社会现象与社会行为只有通过人际间的互动和相互影响才能得到解释，符号则是社会互动的媒介；着重从个体与社会互动层面探讨心灵、自我、社会等话题，关注在符号系统中如何通过互动实现个体心理、行为的形成与发展。

分享行为的实现有赖于旅游者对旅游世界中众多符号的凝视与采集，正如Urry所认为的，"旅游者的目光是借助符号构建的，旅游是一个充斥着符号采集的过程"。在旅游世界中，旅游者的行为即是在他者所搭建的舞台上对旅游符号的捕捉与解读，而旅游分享则是旅游者在自己所搭建的舞台上重构并释放这些旅游符号（图4-1）。

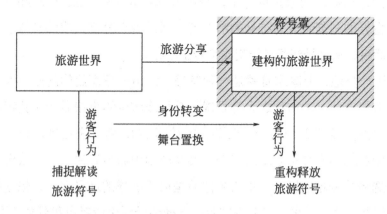

图4-1 旅游分享的符号学分享框架

旅游者的体验完成依靠于对旅游世界各种符号的采集与解读，这个旅游世界的边界即旅游者的旅游时间与异地空间。当旅游者捕捉了足够的旅游符号，他们开始渴望由具有窥探欲的观看者转变为具有表现欲的表演者，这种表演可以在现实的旅游世界里完成，如亲身体验各种旅游活动或模仿他者的角色扮演，更可以通过旅游分享来实现。通过旅游分享，旅游者构建了自己的旅游世界，本书称之为建构的旅游世界，并通过诸多媒介呈现这一旅游世界。与旅游者以身体体验的旅游世界一样，建构的旅游世界也有其约束框架，这个框架取决于旅游者分享的方式、媒介等。如若旅游者采用面对面的交流方式与亲朋好友分享旅游体验，则其边界相对狭小；如果采用各种社交媒体进行分享，则可促成旅游体验的时空拓展，从而拓宽这个建构的旅游世界的边界。分享内容是旅游者所建构的旅游世界的主体，包含了各种重构的旅游符号，这些重构的符号随后被释放给建构的旅游世界里的他者,通过这种重构与释放,旅游者完成了自己的表演。旅游分享不仅促成了旅游者主体身份的转变,还推动了旅游者所处舞台的置换。在旅游世界里,诸如旅游从业者、当地居民等是旅游符号建构的他者,他们在后台这一保护空间里打造符号化旅游,让身处前台的旅游者能够消费这些符号,完成旅游的符号化。相反的,在建构的旅游世界里,旅游者本身成了生产旅游符号的他者,这个世界的浏览者成为符号的消费者。通过旅游分享,旅游者从前台转移至后台,从符号消费者转变成符号生产者。

进一步地,分享本身就是一种符号,经由分享而建构的旅游世界则是符号集合体,本书称之为符号罩。就像旅游世界里旅游者所获得的体验或多或少笼罩着一层纱(旅游真实性问题),对于浏览者而言,建构的旅游世界同样被符号罩所覆盖,其厚薄则由旅游者决定,即旅游分享中的选择性表露问题。分享旅游体验是自我表露的途径之一,但这种自我表露是有选择性的,其分享内容的选择会受到旅游者自我概念的影响,所分享的内容体现了分享者想要传达的自我形象。网络与媒介互动所提供的预留时间以及分享者信息控制能力的提升让旅游者的体验呈现更容易受自我概念的影响,所呈现出来的内容也更能表达分享者对自我的定义,在他者心中塑造预期自我形象。因此,在这种符号罩的影响下,浏览者所观看到的表演已经是对真实旅游世界的二重加工,第一重加工来源于旅游地他者的建构,第二重加工则来源于分享者的重构。这种重构是旅游者通过分享的符号传达自我概念、形象甚至是社会角色的一种途径。这种二重加工后的旅游世界所能产生的影响取决于分享者与浏览者对分享这一符号的解读。分享者的解读与其分享动机息息相关,如将分享视为对美好时光的记录,视为加强社会联系的途径,视为获得关注、认同的渠道,甚至是将分享作为自己与别人是同类人的从众表现。浏览者的解读同样复杂,如将分享当作是他人的炫耀,将分享当作是他人的一种在场方式,将分享当作是旅游信息的来源,甚至将分享当作一种毫无意义的符号。分享者与浏览者的不同解读关系着二者借由分享而互动的情况。

二、旅游分享的符号互动

网络数字时代，越来越多的人形成了"不断保持联通"的习惯，甚至是冲动，这种"可以被联系上"的互动需求，让更多的人自觉自愿地向尽可能多的渠道敞开，以期向已知的他人和更广阔的世界开放。旅游者也不再满足于旅游世界的"交往"，他们还渴望在建构的旅游世界里保持联通。分享者作为"我"向他者（浏览者）发出经由自我重构的符号，浏览者对这些符号予以解读并给出回应。不仅分享者有随时保持联系的需要，浏览者也一样需要接触他人，需要维持在公共领域的在场，这种需要可以通过回应旅游者的分享内容而达成。浏览者对符号的注意不仅关注其能指（符号的表现形式），更要理解其所指（符号的真实意义）。分享作为一种符号，对浏览者而言，其所指比能指更重要，即理解分享者的分享意图是与他者保持联系，是"在场"的体现。基于此种考虑，浏览者将对分享符号的回应视为一种与已知的他人或更广阔世界的联系，视为人际交往中的必做功课。因此，对于旅游者在移动社交平台上所呈现的体验表演，观众给予的多是积极反馈。当旅游者在移动社交媒体上重构并释放旅游符号时，浏览者的反馈主要包括：唤起他们的旅游欲望，表达想旅游的心情；表示羡慕，给予赞美；询问细节；评价照片等。基于分享这个有意义的符号，旅游者与浏览者完成了互动的过程，随时保持联系、接触他人、维持在公共空间的在场等需要得到满足，并产生一系列影响。具体影响将在旅游分享结果部分阐述。

下节借助戈夫曼的拟剧方式从舞台、表演、观众三个层面呈现并解释旅游者如何实现旅游分享行为，从而在网络空间里构建旅游体验，并与他人进行符号互动。

第二节
舞台：虚拟与现实交错的社会空间

一、分享媒介带来的虚拟场景

随着互联网技术的快速发展以及社交媒体的广泛应用，人们的活动空间正在从具体的物质空间向虚拟的网络空间延伸。特别是移动技术设备在世界范围的快速增长以及移动技术和应用所具有的携带方便、简单、有效等优点，使人们可以不受地理空间限制，快速地进入虚拟空间，并在这种虚拟场景里呈现旅游体验。虚拟场景给旅游者提供了一个想象建构的空间，对旅游分享者而言同时也是视觉寻踪与记忆回溯的空间。在这样的虚拟空间里，旅游者将旅游体验这个颇具个体色彩的活动以自我揭露的方式展示出来，表演给他人观看。

正如前文所述，本研究的受访者们一般选择通过微信、QQ等分享媒介进行旅游分享行为，这些媒介给分享者提供了一个极佳的舞台，让他们可以在这个舞台上构建自己的旅游体验。这个舞台即戈夫曼所谓的前台，与戈夫曼面对面交往的前台有所区别的是，旅游者进行体验分享表演的前台具有空间虚拟性，即整个表演是在虚拟空间里进行的。正是由于虚拟性，让分享者更容易控制其所要传达的信息，从而自我概念[1]在这

---

[1] 自我是符号互动论的核心范畴，米德认为自我就本质上来说是一种社会结构；库利在米德自我概念的基础上发展出镜中自我，认为一个人的自我概念是在与他人的交往中形成的。个体对自己的看法会受到他人对自我的看法影响。而在社会认知理论中自我被概念化为一种图式，学者在此基础上研究个体如何处理自我信息，如何调整他们的行为，如何与他人交往。自我图式一旦建立，就会作为选择机制发挥作用，从而影响与自我有关的信息输入和输出，决定了个体是否会关注某个信息、如何建构信息、信息的重要程度以及随后对信息的处理。（汪新建《社会心理学高级教程》，2010）

种分享中更能发挥作用。因此，分享者可以在前台为塑造心目中的自我形象而进行相对理想化的表演；在后台，表演者则为前台表演做准备或者进行着另一种真实的自我表演。

值得一提的是，分享媒介所带来的虚拟场景也给旅游者提供了一个"在场"的可能性。即旅游者通过媒介提升方式，将与自己相关的信息放进信息流里，以维持自己的公众存在，也就是访谈中不少受访者提到的"存在感"。"在场"的主要目的是回应人们日渐旺盛的"随时保持联系"的需要。只要我们愿意，我们就能对来自四面八方的内容永久性地开放，并维持潜在性回应的态度（Winocur，1999，转引自Couldry，2014）。随时保持联系的需要，维持在公共领域里"在场"的需要，推动着旅游分享行为成为人们的一种新的行为习惯。正如不少受访者所提及的，旅游分享已经是一种习惯，乃至成为旅游体验的一个重要组成部分。

二、社交平台赋予的现实延伸

相对于博客而言，微信、QQ等媒介是基于个体现实人际关系创建起来的网络平台，与其说是虚拟的，不如说是基于现实关系的空间虚拟，是现实人际关系的延伸。虽然我们所生活的世界里有各种媒介让个体能够向更广阔的世界开放，然而，"现代性的一种主导叙事手法是，即使我们的移动能力和空间传输能力有所增加，我们生活的基础结构仍然要求我们把更多的时间花在相对受限的私密空间里，这就是吉登斯所谓的'经验的封存'"（尼克·库尔德利，2014）。这种经验封存的需要，在受访者的观点中也有所体现。不少受访者表示，自己更愿意与熟人分享旅游体验，因此他们选择的分享媒介是其认为由关系不错或熟悉的朋友构建起来的社交平台，或微信或QQ。

"一般微信朋友圈或QQ空间是关系比较不错的亲朋好友，让他们知道的话会觉得是一种快乐的分享，延续。但是一般不

会跟同事、陌生人去分享，一般在小范围内分享。"（S1）

"一般都在微信平台发布，从不在微博和QQ空间发布，我只喜欢跟熟悉的朋友分享我的旅程。"（S55）

如同分享媒介带来的虚拟性给个体提供了一个公共空间"在场"的渠道，这种基于现实人际关系构筑的社交网络也给个体带来了更强的社会临场感，即个体对他人存在的感知更为强烈。根据社会临场理论❶，社会临场感会影响个体通过媒介技术进行交流的互动过程与结果。"社会临场感"与"在场"是两个相互依存的概念。个体渴望"在场"是因为知道其他人会看到自己在场所做的事情，即对他人存在的感知让个体更愿意进行与"在场"相关的行为，如分享旅游体验。这种通过媒介的分享一定程度上克服或减缓了面对面公共空间参与能力的限制，给个体维持现实社交关系提供了极大的便利性。

第三节
表演：修饰与真实交织的体验呈现

一、表演场域

（一）分享时段与媒介

1.分享时段

受访者进行旅游体验分享的时间段主要包括旅游过程中分享与旅游

---

❶ 社会临场理论是传播学技术与社会研究领域的重要理论之一，最初由Short、Williams和Christie（1976）三位学者提出。根据该理论，社会临场感是指个体在利用媒体进行沟通过程中，被视为"真实的人"的程度以及与他人联系的感知程度；不同的通信媒体所产生的临场感水平不同。

行程结束后分享两种。如表4-1所示，受访者在旅途中分享的比例大于旅途结束后分享，分别为77%与23%。其中，旅游过程中的分享又可细分为实时分享以及非实时分享。实时分享即游览的同时进行分享；非实时分享则指在空闲时间进行分享，包括交通时间、餐后休息时间、酒店休息时间等从表4-1可看出受访者们更倾向于进行非实时分享，这也是不少受访者表示旅游分享不会占用其投入到旅游体验中的时间的主要原因。有受访者表示非实时分享让她能充分利用旅游的各个时间段，尤其是对交通时间或用餐休息时间的利用。此外，一些受访者既会进行实时分享也会在休息时间进行分享。对他们来说，两种分享时段各有其优缺点。正如受访者S53所说的"实时分享有实时分享的快乐，事后总结有事后总结的收获"。

表4-1 旅游分享时段选择情况表

分享时段		材料来源		参考点
旅途中分享	实时分享	37（77%）	15	47
	非实时分享		31	
旅途后分享		11（23%）		12

资料来源：根据Nvivo编码结果制成。

"当然实时分享是比较仓促的，就是非常直接地去表达自己当下的心情。但是，比如说，我很多条都是今天晚上回酒店之后发的，这时候我就有比较多的时间去编排我的文字，然后去回忆我的感想，去整合哪些照片比较适合放一组，时间比较充裕的情况下也可以做得更好就是了，这两个的感觉是不一样的。实时分享有实时分享的快乐，事后总结有事后总结的收获。"（S53）

旅游分享时段的选择不仅取决于分享者的主观意愿，如前文所述它还受限于具体条件,包括网络状况、分享设备状况等。分享时段的具体选择限制了旅游分享行为结果影响机制的发挥。正是由于旅游途中分享行为的存在才使得影响机制得以发挥作用。

"我可能跟人家不一样,我比较讲究那个时效性。如果是有网络的话我就会马上选择照片马上发出去。像上次去韩国,当时因为我没有办国际漫游,就只有回酒店才有网络,我就只好回酒店选,慢慢再发。我是觉得实时性还是比较重要。不过也不一定啦,得看具体情况。当然是想在第一时刻跟大家分享这样。"(S18)

2.分享媒介

就分享媒介而言,通过微信进行旅游体验分享的占了一半以上,其次是QQ、微博。其他平台如穷游网等游记APP,占比最小,仅7%。本书的研究主体是基于移动社交媒体的分享行为,因此关注微信、QQ平台上的分享行为。

更具体地说,受访者对分享媒介的使用存在两种情况。其一,多种媒介同时使用,使用功能有所不同。微信、QQ、微博❶等更多的是用于旅途中的实时分享,旅途结束后则将整理后的照片上传到QQ空间分享并保存。而诸如博客、穷游网、马蜂窝等平台则更多是用于分享完整的旅途游记。

"旅行的同时会在微博、微信发布一些自己的感受以及部

---

❶ 这里将微博归类在本书所指的基于现实人际关系的社交平台主要是因为使用微博的受访者表明其微博里的朋友多为亲朋好友,并且选择微博的受访者也会在微信或QQ进行分享。换言之,本书所指的强关系网络并非仅以媒介特点为划分标准,也兼顾使用者的使用习惯,如个别受访者将微博作为与亲朋好友联系的平台。

分照片。回来整理照片后会上传QQ空间，会在新浪博客写游记。"（S9）

"我一般发照片就是在微信里，一般是在旅游的途中随手发的。或者是有一些当时的心情感受就想分享给大家！以前还在QQ空间里面发过一些去玩的照片，但是那些都是回来以后去整理这个旅行的照片。"（S23）

"正常是在微信朋友圈上分享，但是微信上只是分享几个代表性的心情，照片分享会是在空间，就是空间上会有这几天我拍的照片，会按照时间先后上传，所以在空间可以看到整个行程。微信就是比较片段的，就是当时的心情我会直接上传，QQ空间是比较连贯的。"（S8）

其二，只用一种媒介，但对媒介的选择存在一个转变过程。这种转变除了由于媒介的便利性外，有不少是考虑到受众或身边朋友的使用情况，即哪个平台受众多就发布在哪个平台。受访者对分享媒介的选择及转变也体现了前因阶段"分享平台便利性""朋友对分享的回应"等影响因素的作用。

"我基本上是在旅行途中或者是旅行结束之后发布图片和感受，没有微信之前基本都是在QQ空间里分享经历和照片，现在有了微信以后基本上是随走随发。"（S31）

"发布在什么平台不一定，哪个平台受众多就发布在哪个平台。最早是QQ空间，后来是微博，现在是微信朋友圈。因为是发布出来，所以想更多人看到，和更多人有共鸣。"（S39）

"因为现在大家基本上不玩空间，只玩朋友圈，所以都会传朋友圈。我们还是得跟着潮流走就是了。"（S8）

(二)前台布景与后台前置

1.前台布景

在前台布景方面,微信、QQ 等媒介都给表演者提供了自我展示的功能,如可以自主地选择使用个人昵称、头像图片、个人介绍、个性签名、性别、地区等,当多种因素叠加在一起后,具有个人风格的表演场域也就形成了。在此以微信为例,说明前台布景的个性化与特色化。第一,个人昵称的设置上多种多样。有在个人真实姓名的基础上进行加工而成的;也有根据个性签名改编而成的,如受访者 S41,其个性签名为:青涩的才是快乐的。第二,在头像图片的选择上,受访者们或以个人照片或以卡通形象或以美食或以美景为头像图片,其中以个人照片为头像图片所占的比例最大,也侧面说明了微信朋友圈与现实人际关系的重合性。第三,个性签名方面,一般是选择自己深有感触的话语,或者是自己喜欢的话语。如受访者 S18 的个性签名为"我看错了世界,却说世界欺骗了我们";S9 的个性签名则是"总有一盏灯遥望着你,无论你,沉浮于世,或繁华无已。"当然也有受访者不进行个性签名的设置。第四,地区选择方面,多数受访者根据自己实际居住地点进行设置,也有少数受访者随意设置。总体而言,前台布景将每个表演者的个人特征烘托了出来,让整个表演区域更具特色化,也更具现实性。

此外,在分享媒介所能提供的功能中,不少受访者重视其定位功能,即在分享旅游体验的时候能显示分享者所在地理位置。有受访者表示旅游分享时会加定位功能,另有受访者称这种功能让其更有记录的感觉。

"旅游时候的分享我会加定位,本地肯定不会去定位。"(S19)

"我不知道别人会不会这样,反正我的话,平时就算了,如果我是出去玩,就一定会记得插入当前的地址,没有插地址的话就会觉得缺了什么,缺了记录的感觉吧。"(S20)

2.后台前置

后台是与前台相对的概念。在没有观众干扰的后台，分享者是一个完全真实的自我，进行着不经修饰的旅游体验，有愉快也有不愉快。在后台，旅游者将旅游照片美化，将旅游感受通过文字加以润饰，打造出精心编排过的旅游体验呈现给观众。从这个角度上看，后台与前台的区分让分享者能够进行优化版的体验呈现。从另一个角度看，计算机媒介的分享在一定程度上缩短了前台与后台的距离，让后台有了前置的倾向。正如梅罗维茨所指出的，在现代社会，媒介的变化必然导致社会环境的变化，社会环境的变化又必然导致人类行为的变化。微信、QQ等媒介在重组社会环境，特别是地理空间的物质环境方面颇具影响力。分享者通过手机、Ipad等移动终端设备可以随时随地在这些媒介平台上更新自己的状态。微信、QQ动态更新的即时性特征让表演者从后台走向前台的时间大大缩短，有的甚至不需要进行后台准备，所拍即所分享。不少受访者表示他们的体验感受分享很多都是随心随感而发，是即时分享的。此外，电子媒介也促使个体不再过分在意自己的后区行为，越来越多的人愿意将自己的情绪表达出来，呈现给前台的观众，相当于将自己的后台行为放置到前台，一定程度上造成了后台行为的前置。

"一般是随性的，就是我去哪里玩我就发两张照片，然后旅游的点滴，当时的心情，主要是这样子。"（S9）

"瞬间的感觉记录而已！所以选择便捷的微信！"（S41）

二、剧本体裁——纪实片vs喜剧片

通过与访谈对象的交流以及对文档资料的分析，旅游者分享其旅游体验的方式主要有两种。其一，如实地记录当时的情绪或重要事件；其二，选择美好的时光进行记录，尽量向观众展示完美的一面。本文用纪实片和喜剧片描述分享者所讲述的旅游故事。纪实片是在体验呈现过程中旅游者对实际发生的印象深刻的事件进行如实描述，不回避旅游过程中发生的不愉快。喜剧片则是相对于纪实片而言，表示旅游者所分享的体验是经过筛选的，仅仅向观众呈现旅游体验的美好部分，因此只从旅游者所分享的旅游体验看，旅游者度过了一个非常欢乐完美的假期。值得注意的是，根据印象管理与自我图式理论，人总是有将自己定义为"好"的动力，因此不管是纪实片还是喜剧片，旅游者在分享的时候总是倾向于强化美好时光，淡化消极情绪，从而形成旅游分享中的符号罩。

其一，纪实片式的体验呈现。在访谈中，表明会分享消极体验的受访者并不多，即使分享也是在事情夸张到一定程度的情况下。并且分享的时候也会通过各种方式将消极情绪弱化，如以不明显的方式陈述，或者委婉的告知，或者配上漂亮的图片从视觉上对不愉快的情绪或事件进行淡化。但这种分享方式并不表示旅游负面信息的传播不具备效果。相反地，受访者表示他们会在分享的反馈交流中或者私下与表示感兴趣的朋友讲述。因此，鉴于分享媒介带来的空间拓展以及熟人圈口碑的重要性，这种负面信息的传播效果是极具效力的。

"尽量不发布不愉快的事情，但是如果是夸张到一定程度的话，我可能会抱怨一番。"（S18）

"也有不愉快的事儿，但是讲得不明显。毕竟在外面，说不好的事儿，怕家人朋友担心。"（S30）

"所以有些东西在分享时候就会委婉地把这些信息告诉朋友，就是说这个地方可以作为观赏的景点之一，但是如果想说要来住的话，你要不要选择这个酒店来住可以再三考虑一下。就是它可以作为你旅途的一道风景，但是不一定要住在这里，就比较委婉地讲一下，那可能说别人看到的话就会比较清楚。"（S3）

"发布不愉快的事情,但是我都会配漂亮的照片。"(S37)

其二,喜剧片式的体验呈现。自我图式理论认为自我这个类别在记忆中是受到偏爱的,即使是在无意识的信息处理层次,自我和"我们"也会吸引更多的心理资源,并且常常与正向事物相联结。因此,寻求自我认同的心理总是能推动人们以积极的方式去分享与自身相关的事物。正如大多数受访者所表示的,分享旅游体验的时候他们会筛选最美、最好的东西展示给别人,比较特别的东西或者搞笑的事物也是他们的主要分享内容。关注独特性的受访者指出,希望自己分享特别的东西给朋友提供一种新的视角,并就这种新的视角给可能需要的朋友提供更深入的信息。

"你肯定会把一些美好的东西展现给大家,很少会把不好的东西展现给别人。"(S6)

"会筛选最好的照片发布。人都会有这种心理,肯定要把好的一面展示给别人吧。"(S4)

"比较有代表性的地方,或者比较搞笑特殊的事情,也有那种比较个性化,那种别人不知道的,比较特别的那种。"(S24)

"另外一个就是比较有意思的点,这个有意思可能就是比较荒谬、比较幽默,这个我也会很喜欢发。但是这个是比较可遇而不可求了。"(S13)

"我在旅游中愿意发一些比较特别的东西,就是希望给大家提供一个新的视角。我愿意说我发现了比较特别的东西,分享在朋友圈上,以后万一我的朋友看到,他们下次想要去,他们就会问我说,'哎,你上次发的那个蛮美的',或者'你上次发的那个东西还不错,我想去',然后我就会给他们信息。"(S35)

此外,有受访者表示,即使旅途中发生了特别不愉快的事情,他们也不会发布这些负面信息,而是选择美好的部分进行分享。根据访谈结果分析，旅游者不分享负面信息，仅分享积极内容的原因包括四个方面。首先，自我概念的影响，希望向大家展示好的一面。这也符合印象管理理论与自我图式理论的观点，即将自己定义为好的，避免被别人消极看待。其次，顾及别人感受。由于分享媒介具有公众属性，在一定人际范围内是开放的，分享者会重视别人的感受，尽量少分享负面信息避免给浏览者造成不良影响。再者，与记录、回忆、留念的分享动机相关。不少受访者表示希望自己以后翻看自己的旅游分享时获得的是积极情绪，因此会避免分享负面信息。这也体现了积极心理学的观点以及自我暗示的作用。最后，不希望分享负面信息而破坏旅游的心情。移动社交平台的旅游分享让旅游者可以在旅游途中进行实时分享，因此受访者表示一旦分享负面信息很可能会因为与朋友的互动而加剧负面情绪，如朋友给的回应可能不是安慰而是告知旅游地还有哪些不要去的地方。上述原因也是分享者在移动社交平台分享负面信息所要面对的心理成本。

"其实去贵州那次，大家抱怨挺多的，还投诉了那个导游，就是非常怠慢我们，也把我们的行程安排得非常糟糕，我也没有把这件事放上去。因为我觉得微信的话它是一个比较公众的平台，我比较不太爱发一些负面的情绪上去。就是我心情再不好再低落，我也不会去发表。"（S53）

"像我去菲律宾，刚开始到的时候住宿条件很不好，然后我老公就会给我抱怨……那就很影响我的心情……而且去那边的时候吃的也不是特别好吃，这一点是很重要的，很多东西都吃不下去，消费又贵。其实在海岛就是一个度假，再怎么玩都是跟水有关，我觉得整个玩也不是我想象中的那么完美。但是我拍出来的照片也不会显得很不完美啊，我拍出来的照片也是显得我玩得很High啊，就是这样子。其实中间是肯定有一些磕磕绊绊的那种东西啦，这个东西我就没有表现出来啦。"（S38）

三、剧目设计——独幕剧vs多幕剧

从受访者的分享资料分析，多数受访者采用多幕剧的方式向观众呈现他们的旅游体验，只有三名受访者用独幕剧在媒介平台上构建旅游情境。从图片资料看，三位采用独幕剧的分享者都是选择发布多张同一个景点的照片，包括在景点里拍摄的人物照。相对于独幕剧，围绕某一目的地多个景点或多个主题的多幕剧是更为大众的呈现方式。多幕剧主要有两种呈现方式：其一，按照行程景点/活动顺序进行体验分享；其二，按照旅游照片主题进行体验分享。

按照行程景点/活动顺序呈现旅游体验：

"一般情况下会按照旅游的路线跟行程点来发布，就是今天我先去了哪里，再去了哪里，然后可能就会按照这个顺序来发照片。"（S3）

"那是当然了，一般都是按照行程时间来发的。这个也不只是分享给别人看，也是给自己看的。其实我是很想要每张照片都附上一段文字的，但是懒了就直接用景点的形式，然后按时间来排列这样子。"（S8）

按照分享内容主题进行体验呈现：

"不过说实话，我有一个感觉，就是大家也是会有审美疲劳的，你一直发一直发当地的旅游照片，大家也会看腻的，就算有很多朋友喜欢捧场，也会不知道该评论什么，总不能都是'好美啊''照片好棒啊''这是哪里啊'，所以发照片也会考虑发不同的主题。自己还是会搭配一下，比如今天发自然风光，明天就发人文的，再后天就发美景的。"（S12）

"就是构图一下，把内容集中成一张，让人家看得一目了然……比如说我在长隆玩，不可能拍一个动物就一张图；微信一次只能发九张图，全部都是动物那根本就没有主题啦。所以我只能小火车那边看到的构成一张图，比如说我喜欢自拍，我自拍的几张就把它构成一张图，在马戏团看到我也把它构成一张图。"（S38）

四、剧情更新——刷屏vs不刷屏

剧情更新指在旅游过程中，旅游者分享旅游体验的频率。在访谈中不少受访者提及"刷屏"二字，提起这两个字的受访者都是反对在微信等媒介上不断刷屏的，他们会顾及观众的感受。毕竟在公共领域的在场频率需要考虑一个适合的水平。换言之，个体如何确定什么才是维持他们与同辈借用媒介在场的恰当水平？也即经典社会学家诺伯特·埃利亚斯的相互依存规范。因为与在场相互依存的问题是：必须有人浏览你发布的帖子。一旦你的分享频率过高，很可能给媒介平台上的其他人造成困扰，对他们来说这是一种被动接受的信息。因此，通过旅游体验分享而"在场"的个体，必须将这个在场限定在别人可接受的范围内，至少意识到分享中刷屏与否的问题。从收集到的资料来看，多数分享者会在一天内发布多条内容，但是顾及别人的感受，会特别注意按照主题，或者选取更具美感，或者采用拼图的方式，尽量减少由于发布频率过多给别人造成困扰。如受访者表示会尽量不发主题重复的图片。

"不过我发帖会注意把握，尽量不发主题重复的图片，会考虑到看的人的感受，毕竟是公众平台。我自己也比较讨厌一些人不加筛选地发图，同一分钟咔嚓下来好多张一起发，刷屏又浪费流量。"（S16）

五、表演展开

本文按照序幕、开展、落幕三个阶段展示旅游体验分享者在媒介所构筑的虚拟场景中的表演,在这场旅游体验表演中最重要的两个道具是旅游照片与文字。此外,表情、视频也是表达体验、情绪的有效道具。旅游照片、文字、表情、视频等都是从属于分享内容的概念。

1.序幕

不少受访者展开旅游体验表演前,会通过照片、文字、表情符号在媒介上拉开表演的序幕。从对旅游照片的分析来看,如表4-2所示,序幕阶段的实体场景与道具主要包括出发地候机室、目的地站点、行李箱/包、交通工具;或拍摄整架飞机或拍摄飞机部件,如机翼、舷窗;各类交通票证,最常见的是机票;各类身份证件,如身份证、护照等。体验分享者通过分享一至两张上述场景或道具的照片(若是配以人物照则可能会分享数张)揭示自己即将进入旅游情境,由此拉开旅游体验序幕。

照片不仅能证明旅游者到过某个地方,还能够帮助旅游者"建构旅游回忆"。根据Albers和James(1988)对照片的研究结果,一张照片包含着两个主要成分,内容与构图。内容指一张照片总体上捕捉到的形象和标识。这些形象、标识之间相互联系并呈现给观看者的方式即所谓的构图。照片的意义可从两个方面进行建构:转喻与隐喻。从转喻的角度看,所有照片里的标识都代表着他们自身,以其表面价值被理解。相反地,从隐喻的角度看,照片里的形象所代表的意义远不止表面那么简单,照片的所有元素都被认为是一种符号象征,构成了照片以外的集体暗示。受访者所拍摄的候机室、机票、行李箱等意象在隐喻的层面上均表征着"旅行",因此通过展示这些意象,分享者形塑了自己即将"在路上"的演员身份,预示着一场旅行的开端。

除了用照片构建序幕场景、进行道具摆设外,辅以表情的文字陈述也是表演的重要组成部分。其中，使用频率最高的文字是"出发"及其各种变形体。如"出发""快乐出发""粗发"等，并且不少受访者会在文字后面附上代表积极情绪的表情符号，如兴奋、高兴、得意等。

"妈妈去哪儿第三季，快乐出发😀😎"（S31）

"粗发😎😎"（S8）

由此，通过综合使用这些具有旅行意义表征的符号，分享者在虚拟空间里重构了他们即将从所处生活环境进入旅游目的地的状态与场景，拉开了他们从生活世界进入旅游世界的序幕。

表4-2 序幕表演道具节点及其参考点

	节点	参考点
照片	出发地候机室	27
	目的地站点（如机场、动车站）	23
	行李箱/包	14
	交通工具（飞机或机翼）	13
	各类交通票证	12
	各类身份证件	4
文字	各种与即将展开旅游体验相关的文字	32

资料来源：根据Nvivo软件编码分析结果编制。

2.剧情开展

进入旅游世界后，分享者的表演也进入了展开阶段。正如前文所述，分享者一般会选择按照行程顺序或者照片主题进行旅游体验的呈现。更确切地说，是按照行程顺序发布旅游照片与感受，在发布的时候则按照图片主题进行编排，以期让观众获得一目了然的效果。这一阶段是旅游体验呈现的重点也是主要时间段，因此相对序幕与落幕阶段，分享者会发布大量的旅游照片或视频，辅以文字、表情，从而使整个旅游体验的表演更具表现力。

从分享的照片内容看，如表4-3所示，所展示的旅游体验意象包含：异地风情凝视，这部分内容是分享数量最多的，包括当地风景、景点等各种参观点的照片，同时也包括旅游者认为的当地特别或漂亮的事物；人物照，如各种自拍照及合照；美食照，如当地特色美食或卖相较好的团餐展示；娱乐、休闲、表演活动的照片，如海边各种娱乐设施、马戏团表演等；酒店，包括酒店住宿设施、酒店景色等。事实上，上述旅游照片内容基本囊括了旅游者在目的地所获得的大部分体验。正如Urry在对旅游特征的归纳分析中所指出的"旅游者的目光是借助符号构建的，旅游是一个充斥着符号采集的过程。"谢彦君（2006）也指出，旅游体验过程中，对旅游者来说，意义的获得或形成要借助旅游体验过程中存在的一些基本的象征性工具来实现。这些符号性的因素具有某种象征意义，在建构旅游世界的过程中就像是在具体时空条件下搭建旅游体验的舞台，展现旅游体验的道具。可以说，通过对上述这些内容的捕捉与分享，旅游者在其所搭建的舞台上尽情展示着自己的体验过程。

表4-3 分享照片内容节点及其参考点

节点	参考点
异地风情凝视	805
人物照	400
美食	126
娱乐、休闲、表演活动	101
酒店	51

资料来源：根据Nvivo软件编码分析结果编制。

第一，异地风情凝视。对异地风情的凝视在某种程度上是旅游者进行旅游体验最重要的活动。根据旅游凝视理论，凝视是旅游体验中最根本的视觉特性,它具有支配性,视觉支配或组织了体验的范围。旅游者求新求异的心理需求很大部分是通过对当地异域风情的凝视得到满足的。旅游情境与非旅游情境的一个最大区别在于旅游的异地性,对于这些有别于客源地的风景捕获与分享自然而然成为体验呈现的最佳载体。不同旅游者的凝视视角不同,其所分享的体验也因人而异。有的受访者喜欢分享带有当地重要景点或代表景点标识的风景照,有的受访者则喜欢分享更具独特性的风景照。

第二,人物照。分享人物照至少能在两个方面对分享者产生意义。其一,旅游体验的分享是自我展示的一个重要途径,而分享人物照能够加强自我展示的效果。网络照片具有可修饰性,各种照片美化软件让分享者能够通过操纵或修改来美化自我形象。即使是虚拟空间的互动也免不了以貌取人的可能。正如受访者所提及的,"如果有自拍回复会更多一点"。(S12)此外,通过照片的展示能让观众对分享者形象的认知具象化。Mikkola等人(2008)的研究表明,展示和家人、朋友一起的照片能够让大家相信照片代表的个人是重视家庭、与朋友有良好关系的人。因此不管是展示个人照还是合照都能在一定程度上提升观众对分享者形象的评价等级。其二,文字无法体现人的音容笑貌,照片则能弥补这个不足。相关研究表明,网上个人资料的照片能够进一步支持文字描述中的内容,从而让人们有面对面接触的感觉。并且人物照特别是分享者自身照片的分享,既能让观众了解自己的近况,也能让观众对整个体验呈现的人物有一个清晰的辨识,而不至体验呈现的整场表演结束了,观众对演员的印象仍处于模糊状态。

第三,美食分享。美食是旅游体验的一个重要组成部分,并以其极佳的视觉体验,成为人们的主要拍摄与分享对象。从分享的角度看,美食不仅仅是一种食物,还支撑着旅游者的情感。旅游过程中美食的存在是完美体验的关键环节之一,分享美食在某种程度是向观众传递自己的满足感。对观众来说，这就是Michael Jacobson所言的"美食诱惑"[1]，容易获取观众的注意力。这一点是一些受访者分享美食的原因之一。当然，并不是每一次的美食体验都能让旅游者有满足感。有趣的是，即使食物并不是那么美味，受访者仍然会进行分享。这也间接地说明了美食体验是构成完整旅游体验的一个重要组成部分。此外受访者可以借由美食分享表达自己的情感，如对家乡味道的想念。由此，即使不是令人满足的美食体验，这样的分享同样附着了分享者的情感特征。

> "一般会分享有感触的风景，还有吃的。可能是我一直觉得吃是旅行非常重要的内容吧。就是出去玩，别的不管，一定要吃好的意思。"（S20）

> "因为中国地大物博，饮食文化丰富，一个地方的饮食是当地人文风情很重要的一部分。而且吃得好是愉快的旅行体验很重要的组成部分。更重要的是现在的分享平台流行分享美食，美食很抓人眼球，引起的反响也多。"（S39）

第四，娱乐、休闲、表演活动。娱乐、休闲、表演活动是继美食分享后的又一重点分享对象。作为旅游六大要素之一的"娱"部分，分享这部分内容也是顺理成章之事。并且，包括各类表演在内的娱乐活动一般都能给旅游者留下深刻的印象，因为体验深刻而分享。

第五，酒店。住宿情况是旅游者获得满意旅游体验的重要支撑。首先，从身体状况看，良好的休息环境有利于旅游者恢复体力，以更饱满的精神投入旅游活动中。其次，从心理状况看，旅游消费或多或少带着炫耀性的意味，如果住宿条件属于较高档次，有利于提升自我展示的效

---

[1] 公共利益科学中心（the Center for Science in the Public Interest）创始人Michael Jacobson最早用"美食诱惑"一词来表述食物脱离作为食物的特性，而带有情感特征的现象。如今这个词语被用于表示分享美食体验。

果,那么旅游者还可能从分享中获得满足感。此外,从对体验呈现的构建来看,酒店不仅可以作为旅游者进入休息状态的展示,也可以作为一个重要的表演场景,让虚拟空间里的体验场景更具完整性。从所收集的旅游照片看,分享与酒店有关的照片,基本上都是分享其好的一面,如住宿设施良好、娱乐设施令人满意、酒店景色优美等。

上述五种类型属于基础性的分享,它们组成了呈现旅游体验的基本架构。此外,当被问及倾向于分享什么内容时,几乎所有的受访者都会提及愿意分享一些特别的东西,或与别人不一样的,或搞怪逗趣的,或幽默诙谐的。这些分享更能凸显旅游者的与众不同,形塑他们所乐意展现的形象。

从分享的文字表达看,文字描述相当于剧本中的台词,与旅游照片相辅相成,让旅游者的表演更为有声有色,易于被观众理解。如表4-4所示,文字描述一般涵括五种内容。其一,描述旅游感受,包括对景色的感受、对娱乐活动的感受等;其二,描述活动、行程、事件等,包括介绍自己当天的游览路线,旅游活动,对所发生事件进行描述;其三,描述照片内容,包括对景点的简单介绍或详细介绍,对美食的介绍等;其四,对自身状态进行描述,包括对当时身体状况的描述,情绪的描述等;其五,描述天气,对游览过程中旅游地天气的描述。这五种情况在受访者的体验分享资料中最为常见。也有少数是表达与当地居民的互动情况或对旅游地的不满。文字一般是采用幕后独白的形式,对着自己描述旅游体验过程,少数受访者会采用拟人手法与目的地进行对话;也有一部分是采用与观众互动的方式。

采用拟人手法与目的地进行对话如下所示:

"晚安,高雄。"(S12)

"再见,芭堤雅的阳光假日。你仿佛带我回到一年前南法普罗旺斯和尼斯的美好夏天,阴霾一扫而光!"(S10)

互动式的文字描述如下所示：

"亚布力滑雪——第一次滑雪。一个字'爽'，确切地说摔得爽！来，上照片瞧一下，比熊猫还笨重吧？"（S24）

"驾驶ATV越野火山车穿越火山河谷向马荣火山进发。挑战完后，我快累晕了，整个过程很刺激，可是我的车技逊，还差点摔了，哈哈哈。看我包成那样，实在是太阳很毒辣啊。"（S38）

表4-4 文字描述节点及其参考点

节点	参考点
描述旅游感受	129
描述活动、行程、事件	123
描述照片内容	86
描述自身状态	48
描述天气情况	22

资料来源：根据Nvivo软件编码分析结果编制。

3.落幕

落幕阶段与序幕阶段呈现的情况类似，同样是综合使用机场、交通票证、行李箱/包等符号，将旅游者从旅游世界带回生活世界。文字上则比序幕阶段的描述更为丰富，或总结行程发表感受；或与观众互动进行下一次的旅游邀约；或表达对旅游地的惜别之情；或抒发对家乡的热爱之情等。

第四节
观众：即时与滞后兼具的互动影响

一、观众对表演的回应情况

从访谈结果看，对于旅游者在移动社交平台上所呈现的体验表演，观众的反应基本是积极正面的，具体可分为点赞与评论两种方式。如表4-5所示，观众的反应主要包括：唤起他们的旅游欲望，表达想旅游的心情；表示羡慕，给予赞美；询问细节；评价照片等。去过的观众会与分享者一起回忆、交流，给予建议。积极的互动会让分享者产生愉悦的情绪，后文（旅游分享行为结果）将对此点具体论述。

观众的回应会对表演者的演出产生影响。由于分享媒介的即时性特征，使得这种影响同样具有即时性。虚拟空间的互动与面对面的互动不同，它不要求双方在一个频率上进行互动，这种互动可以是同步或不同步的沟通反馈，即可以是滞后的。由此，观众回应的影响同样具备滞后的特性。下文将具体描述这两种互动影响。

表4-5 观众回应节点及其参考点

节点	参考点
唤起旅游欲望	29
点赞	22
羡慕、赞美	17
询问细节	17
评价照片	7

资料来源：根据Nvivo软件编码分析结果编制。

二、即时影响：效果的调节

即时影响指，观众的回应能对分享者旅游体验效果起到调节作用，确切地说是强化作用。这点将在后文论述，此处仅作简短的概述。对体验效果的强化作用主要来自互动给表演者带来的积极情绪以及实际互动带来的效果。而积极情绪来源于互动让分享者感受到被关注与被认同，进而强化了旅游体验。因此，观众的回应会对分享者的旅游体验产生影响。而分享所呈现出来的是基于现实中的体验，从而，观众的回应也会间接地调节表演的效果。

三、滞后影响：表演的动力

此处的滞后影响，不仅指互动的滞后，更指对表演者后续行为的影响，换言之，这种影响具有延迟性。当分享者在移动社交平台上向观众呈现旅游体验时，表演者通过各种照片、文字吸引观众，寻求观众的关注，期望得到观众的反馈认同。观众则会对表演的内容产生不同的想法与态度，并通过点赞或评论留言与演员进行互动，观众的积极回应是表演者的最大动力，受访者表示希望自己的分享能得到别人的关注，别人关注与否会影响分享的积极性。

"如果你拍的照片得不到别人关注，就会不想再发了。"（S4）

"大家的回应多也重要。有时候发了东西没人回复，会失落。"（S39）

分享后的互动会对体验呈现产生积极影响。观众的回应会让他们更有兴致也更愿意进行分享。

"我喜欢跟朋友对于旅游的互动,这样会让我更有兴致继续分享旅游感受。"(S43)

"受到鼓励会拍更多的照片分享。"(S16)

"看到有人关注了,我下次去玩会多拍点东西回来,多分享些。"(S49)

可见,在旅游体验呈现的分享中,观众的关注和回应是表演者继续表演的重要动力。分享者与浏览者之间的互动推动了旅游体验的分享。

四、自我概念与体验构建

本研究所指的分享是通过移动社交平台进行的,这种平台的沟通特性——同步或不同步地交流反馈——为旅游体验的呈现提供了一个更广阔的空间和平台。这点不仅仅是指分享范围在时空上的拓展,同时也是指分享中所呈现出来的自我有了更大的发挥空间。确切地说,有了根据分享者需要而进行调整的空间。不少学者研究了网络与媒介的这种互动特征给使用者的自我展示带来的影响。Walther(2007)认为与面对面的互动相比,通过媒介的传播能够给互动双方预留更多的时间来完善所要传递的信息。这段预留时间让人们可以选择性地自我展示。在计算机中介化的环境中,人们能够更好地控制自我展示,进而设计出更符合预期的形象。Gonzales和Hancock(2011)的研究则表明,人们使用社交网络时能够控制所要分享的信息,并且他们倾向于在熟人圈里展示积极的信息,从而提高自尊。由此,网络与媒介的这种便利性为旅游者选择什么内容,并对这些内容采取什么方式进行加工,进而呈现给观众的做法提供了相对宽裕的预留时间。并且,虚拟空间的物质形体缺失特征也赋予了分享者对所要分享信息的操纵力,极大地提高了分享者对所呈现信息的控制能力。以上两点是自我概念能够在体验呈现中更好地发挥作用的前提条件。

不少受访者在访谈中表示自己所分享的体验内容与自己是一个什么样的人以及想要塑造的自我形象相关。

首先，自我概念影响体验呈现的内容。自我图式作为自我概念的一部分，是自我认同和自我定义的核心，一旦确立就会作为个体信息输入与输出的选择机制发挥作用。它决定了个体是否会关注某个信息、如何建构信息、信息的重要性程度以及随后对信息的处理。根据自我图式理论，旅游者将会更注意与自我有关的对象，记住对自己更有意义的东西，对这些人事物的解读也会带上鲜明的个人色彩，分享的内容也与自我图式息息相关。换言之，"什么样的人发什么样的分享"。正如受访者S8所说的，"就像当时我在看鳄鱼表演，我觉得这是一个很残忍的表演，就发了那个视频，视频下面写了一句话：'我不明白为什么会有那么残忍的表演存在'。可能也跟本身有关系，我就是不喜欢那些残忍的负面的东西"。（S8）

其次，体验呈现的内容展示了分享者的自我形象。当自我图式对旅游者选择呈现何种体验内容产生影响的时候，印象管理理论中的自我呈现观点也会对所分享内容进行再次加工，让分享的内容更能传达分享者想要向观众展示的自我形象。根据印象管理理论，人们总是希望给别人留下美好的印象，避免被消极看待。因此在各种社会互动过程中，他们会倾向于表达更有利于自我形象，让他人积极看待自己的信息。旅游者所呈现出来的体验事实上也告诉了观众自己是一个什么样的人。而由于印象管理的需求，分享中所呈现出来的一般都是有利于提高自尊的形象。这也是前文不少受访者表示倾向于发布积极信息的主要原因之一。此外，受访者会通过旅游分享塑造、展示自己的个人形象。

一位受访者表示他"比较喜欢去一些草原、沙漠，一些比较有挑战性的地方"。他认为"这是一个男人应该做的活动，做一些户外活动，这是一个真正的男人"（S6），他表示，他选择的景点就代表他的一个审美观。当被问及选择发布上去的照片、感受是否也展示了一个这样的自己时，他给予了肯定回答："那肯定了，不然我把那些发布上去干嘛呢？"（S6）另一名受访者也表示自己发布潜水的照片是希望借机展示自己生活中很少被人认识的一面——"喜欢尝试新奇刺激的东西，喜欢冒险游戏"。（S19）

综上，网络与媒介互动所提供的预留时间以及分享者信息控制能力的提升让旅游者的体验呈现更容易受自我概念的影响，所呈现出来的内容也更能表达分享者对自我的定义，在别人心中塑造预期的自我形象。自我概念与体验呈现的相互影响，是分享中所体现出来的旅游体验交织着修饰与真实的主要原因。正是对自我概念的感知以及对自我形象塑造的要求，让分享者在进行体验呈现时有所修饰。

至此，本书以拟剧的方式论述了"旅游分享行为实现"这一主范畴下属的各种范畴概念之间的关系，并由此阐明了旅游者如何在分享行为中建构旅游体验。下面将对第三个主范畴"旅游分享行为的结果"进行阐释。

第五章
旅游分享行为的结果

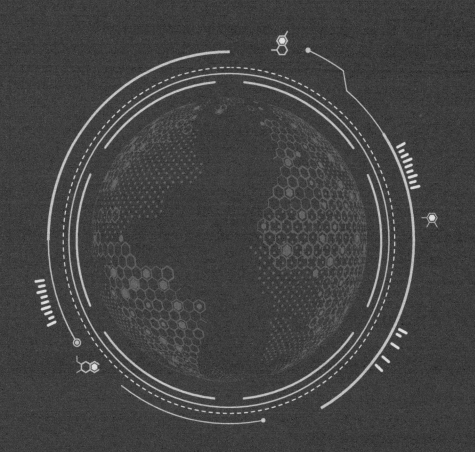

第一节
分享者：有条件的体验强化

如表5-1所示，"旅游分享行为对分享者的影响"这一范畴包含诸多副范畴及隶属的核心概念。其中，对分享者的影响体现在对认知体验、情感体验、回忆体验三个维度的强化上，每个维度包含着相应的核心概念。这种强化作用来源于分享前准备、分享中表达与分享后互动三条路径；同时，旅游分享行为是否会对分享者的认知体验、情感体验、回忆体验起强化作用还与分享者的分享动机、分享内容有关。换言之，旅游分享行为对分享者的影响受分享动机和分享内容的制约。

表5-1 旅游分享行为对分享者的影响范畴编码

副范畴	核心概念
认知体验	查询/查证旅游地情况；更细致了解旅游地；加深对旅游地的印象与认识；促进对旅游地的思考
情感体验	游玩兴致；更喜欢挖掘美好事物；更投入；玩得更开心；对评论中提及的景点更有兴趣；自我认同；目的地认同
回忆体验	重温快乐；纾解压力
影响路径	分享前准备（细致关注、查证确认）；分享中表达（照片、文字、视频）；分享后互动（情绪愉悦、实际互动）
制约因素	分享动机；分享内容

一、体验强化

如上所述旅游分享行为对分享者的影响，表现在对认知体验、情感体验以及回忆体验的强化上。对认知体验与情感体验的影响不仅体现在旅行结束后体验的调节，更由于分享媒介的移动性与强关系特性让分享者能够通过分享前准备、分享中表达与分享后互动强化其旅游体验。

首先，对认知体验的强化。对认知体验的强化包括旅游者在分享过程中查询/查证旅游地情况、更细致地了解旅游地、在分享中加深对旅游地的印象、促进对旅游地的思考进而加深对旅游地的认识等。此外，还包括因为要分享特别的事物而强化对旅游地特别事物的认知。

其次，对情感体验的强化。对旅游者情感体验的强化主要得益于网络技术与分享媒介带来的实时互动，即多数受访者选择在旅游过程中进行分享从而在旅游过程中实现和朋友的实时互动交流，进而对当场的情感体验产生影响。如让分享者更有兴致游玩，玩得更开心等。这种情感体验并不局限于从旅游地获得的专注感或兴奋感或愉悦感，同时也包括由分享互动带来的目的地认同与自我认同，以及对旅游价值感知的强化。

再者，对回忆体验的强化。这一强化作用主要来自分享的记录、回忆、留念动机，以及分享设备所提供的便利性，受访者表示他们会在日后重新翻看以前的旅游分享，从而再次获得情感上的愉悦或起到纾解压力的作用。旅游体验分享不仅仅是为了呈现给观众，同时也是对回忆的保存，对生命历程的一种记录。所谓生命历程[1]，大体是指在人的一生中

---

[1] 生命历程理论萌芽于20世纪20年代埃尔德《大萧条的孩子们》中对生命历程理论的完整叙述。在书中，埃尔德提出了生命历程的概念，并概括了生命历程的四个范式性主题：其一，个人的生命历程嵌入了历史的时间和他们在生命岁月中所经历的事件之中，同时也被这些时间和事件所塑造着；其二，一系列的生活转变或生命事件对于某个个体发展的影响，取决于它们什么时候发生于这个人的生活中；其三，生命存在于相互依赖之中，社会-历史影响经由这一共享关系网络表现出来；其四，个体能够通过自身的选择和行动，利用所拥有的机会，克服历史与社会环境的制约，从而建构他们自身的生命历程。

随着时间的变化而出现的，受到文化和社会变迁影响的年龄级角色和生命事件序列。在生命历程中有三个重要的概念，即轨迹、转变与延续。旅游这一事件在个体的生命轨迹中是一种延续期较短的转变，同时也是相对特殊的生命事件。Urry指出，在旅游过程中人们向各种目的地移动，这种移动包括了空间的变换和时间的流转，前者是旅行过程，后者则是逗留时间。谢彦君（2006）则进一步指出，旅游者在异地所度过的时间，相对于生活世界所拥有的完整时间，是一种永久性的逸出，旅游者在这段时间里借助旅游发现意义，从而使这段时间有了本体和发现的意义。而在这个发现的过程中，旅游者体验了当地，并由此收获了各种感受与体悟。这些感悟，是个体生命轨迹中某一特殊时期、特殊事件的见证。对这些旅游时光或感悟的回忆事实上是对自己生命历程的一种回顾，是重温生命轨迹并从中有所学习有所得的重要方式。从访谈结果看，这个"得"包含了对现有生活压力的纾解、对过去经验的总结与学习、快乐的重温、心灵的满足、激发自己的正能量等等。而这些对于旅游者而言，就是一种生命的成长与情感的升华。

此外，值得关注的一个问题是，分享行为是否影响旅游者体验的投入程度，进而降低旅游体验。即是否会因为旅游分享行为而影响了旅游者对当地体验的关注度，如浪费时间或者为了拍照分享而忽视了对旅游地更深入的认识或体验。这个问题并没有绝对的答案。仅从访谈结果来看，受访者对待这个问题更多的是采取具体措施以避免此问题。如极端的情况选择不分享，或者选择在旅游结束后分享，或者选择在旅游过程中有较长空闲时间的时段分享。即使是在旅游过程中的分享，由于网络分享的反馈不要求同步性，他们会优先选择顾及旅游地的体验情况，如与身边同伴的互动，等到适宜的时间再与分享媒介里的朋友进行互动交流，从而在当地的旅游体验与分享需求两者中取得一个平衡。换言之，旅游者是在权衡利弊的情况下做出最佳选择，从而获得效用最大化。即使是因为分享行为而影响了旅游者对当时体验的投入程度，只要旅游者能从旅游分享中得到相应的情感补偿，如被关注、被认同等分享互动带来的愉悦感，并且这种情感补偿比之其不进行旅游分享的体验更高，那么对旅游者而言就是实现了效用最大化，也从另一个角度实现了旅游行为的主要目的——获得愉悦感。不论这种愉悦感是经由旅游行为获得或者借由旅游所引发的分享行为获得。从旅游体验真实性的角度来说，存在主义真实性认为来自人际关系的交流互动也是体验真实的一种。对旅游者而言，基于现实人际关系延伸的移动社交平台旅游分享行为的互动同样也是体验真实性的一个环节，是旅游体验的重要内容之一。

二、影响路径

体验强化的路径上文已稍有提及，此处进行详细阐释。分享行为对旅游体验影响的三种主要路径，包括分享前准备、分享中表达以及分享后互动。

1.分享前准备强化认知体验

分享前准备包括两个方面，一是为了分享而更关注旅游地的点点滴滴，从而促进对当地的了解；二是在分享前为了分享内容的完整性或准确性会特别查询/查证从而加深了解。

（1）因分享行为而关注　正如受访者所指出的，"旅游分享会促进我们去了解当地的文化，因为有想和朋友分享旅游行程的冲动，所以可能对当地不一样的东西有更细致的关注"。（S39）另一位受访者也认为旅游分享对认知体验"会有促进作用，会去多了解当地的民俗风情，尤其是特色美食、节庆、美景等，对旅游地更了解"。（S7）根据社会认知理论，个体的认知、行为与环境因素三者交互作用决定个体的行为。个体的行为受到环境这一变量的制约，行为本身是个体认知与环境相互作用的产物。分享在这种情况下可视为一种外部环境压力，为了分享旅游者会分配更多的注意力、精力去了解当地，以使分享行为顺利完成。这是不少受访者表示因为想要分享而多了解当地情况，促进认知体验的主要原因。其中一名受访者甚至表示如果不分享反而可能会对当地的一些情况一带而过，对他而言，分享对认知体验的强化作用不言而喻。

"如果说我想要发布的话，我对这些东西又不懂，我如果不了解的话，我当然想说能有一个解释给我听或者是有一个解释牌让我知道，知道当地这个是什么文化之类的，会想去看一下，会去了解一下。"（S2）

"会去了解，有促进，比如拍照的地方有没有什么传说之类的，就是找一些内容描述照片，或者别人可能会问起来。"（S22）

"因为你要分享，所以你肯定会去了解更多的信息，如果不分享，反而会觉得说就这样过了。你要分享就会特意留意这个是什么地方啊，或者这个有什么历史意义，还是会有一定的影响。"（S24）

分享行为这一外部压力不仅会让旅游者更关注当地的情况，还会促使一些分享者留意目的地特别或与别人不同的信息。如一名受访者表示会去寻找特别的东西进行分享，另有一名受访者会为了分享而关注别人不关注的东西，如交通情况、针对当地人的产品等。她们不仅会为了要分享而更细致关注当地情况，还会为了表现其独特性而选择不同的视角去认知当地。这也体现了个体行为中个人认知的影响作用。根据班杜拉的自我调节论，个体能够按照自我确立的标准来调节自己的行为。人的行为不仅受外在因素的影响，也会受到通过自我生成的内在因素的调节。除了分享这一外在因素，个体对自我的认识、界定以及由此所确立的内在标准也会影响其最终行为。如希望展现独特性的分享者会在旅游体验过程中更关注与众不同的事物以进行分享。

"如果我知道这个东西特别好,但逢来必到的景点我不一定会去发哎,因为我觉得大家都去发这个好没意思。我就会找一点不是大家都会发的东西,然后再去发。我自己会筛选,了解一下这个东西值不值得发。"(S35)

"正是想到要分享,所以我会特别关注别人不关注的东西。我也会在某些分享中交代当地一定要去吃的,并且配图,还有告知价格。我的印象中,别人一般拍景,我会拍一些照片,反映景区的交通情况、交通方式,还有一些交通线路图,当地人家里的布置,他们集市上卖的当地的产品——针对当地人的产品。"(S32)

(2)保证分享内容完整准确　除了因为要进行分享而关注当地,也有受访者表示会为了确保分享内容的准确性或完整性而进行查证或做进一步的了解。受访者表示不会分享错误的信息,希望自己的分享内容更准确,更有信息量。这一情况与印象管理理论的核心观点不谋而合。根据印象管理理论,个体都希望留给别人美好的印象,渴望被别人积极看待。为此,个体会采用保护性印象管理,尽可能弱化自己的不足或避免别人消极地看待自己。而分享不准确或错误的信息与印象管理的观点相悖;因此,个体会为了避免传递不准确或错误的信息而去查证或了解更多的信息。让自己的分享更有信息量或更完整则是个体让别人积极看待自己的一个获得性印象管理。由此,在印象管理的推动下,分享前准备强化了分享者的认知体验。

与印象管理理论类似,面子这一变量也能对此现象起一定的解释作用。在虚拟社区知识共享的研究中,不少学者考察了"担心失面子"这一因素的消极作用。相关研究表明,害怕失面子的个体会担心他们所提供的信息可能是不准确的或他们的贡献并不重要。因此，旅游者希望分享旅游体验的情况下会对所分享信息进行确证或者增加自己的信息量。

"这个会，就是我发的东西一定是我确认的。除了我的感觉以外，如果发的是跟信息有关的肯定是会确认过。比如说我想发那个陶俑，我还会特意上网去查一下那个陶俑叫什么。一定要对自己发布的信息负责任。"（S20）

"会去做验证，因为我不希望传递错误的信息给朋友或身边的人。比如说，有时候我跟团，那导游可能会介绍当地的一个景观的情况。那我发表照片或附上某个东西的时候我会有自己的判断，不会把导游说的东西直接往上面丢了，会去求证。"（S9）

"会啊。因为不只是发照片嘛，还要配感想感言什么的，这个时候就需要一些当地的信息，会让你的照片更有代表性更有价值……会希望自己发的状态更准确、更有信息量。"（S12）

2. 分享中表达强化认知体验

旅游分享中的组织与表达过程是强化认知体验的另一个途径，涉及分享中语言文字的表达与旅游照片的筛选发布，这一过程既形塑着旅游体验的呈现也强化了分享者的旅游体验。

（1）**语言文字** 首先，几乎所有的旅游分享都包含文字的组织与表达过程，而这个过程本身就是分享者认知与思维的过程。根据认知语言学与体验哲学，人们的认知过程始于互动性的认知体验，结合隐喻模型、命题模型等构建出抽象的认知模型。若干个认知模型整合起来形成理想化认知模型，基于此形成一个范畴原型，可进行范畴化和概念化，同时形成意义。将范畴、概念、意义用语言的形式固定下来就形成了词语。换言之，当代认知语言学认为语言反映了人类的认知，或者说语言具有认知性。进而，形成了"现实—认知—语言"三元互动模式（王寅、李弘，2003），这与《文心雕龙》所说的"心生而言立"殊途同归。语言是人们对现实认知的基础上逐步形成的，是主观性认知与客观性现实互动的结果。旅游分享中的语言形成同样是人们对当地认知的一种反应，是分享者对当地有一定认知和理解的前提下完成的。

"每次的编辑与分享都是在对当地有一定认知和理解的前提下完成的，如果没有理解和思考，怎么会有东西与他人分享呢？"（S31）

"编辑其实就是一个总结的过程，一段文字的形成通常需要对一些表面现象进行认知之后才能编辑成文，这就是一个深度认知学习的过程。分享之后与圈里的朋友互动也是交流学习的过程。"（S54）

"这个过程本身就是思维的过程。不思考也就不会挖掘，我们玩不喜欢跟团的原因也在于此，当别人把攻略都做完了，你就只有傻乎乎跟着看了。"（S16）

其次，认知语言学主张语言与认知是互动的关系，语言的形成是人类认知的结果，同时也对认知具有反作用。"每一具体语言都是源出于人，反过来又作用于人，制约着人的思维和行动"（威廉·冯·洪堡特，1999）。Halliday（1994）认为"语言使人类构筑起一幅关于现实世界的心理图画，从而得以认识其周围世界及内心世界"，同时，"语言具有塑造意识的作用"（Halliday，1990）。它是"作为建构我们对现实的认知的参项之一，积极地参与了意义的创造过程"（Mthlha，2003）。也就是说，语言的表达过程是对意义的创造，是对认知的升华。旅游者通过分享中语言的组织与编辑来形塑自己对目的地的认知，并在形塑的过程中将事物的来龙去脉思考得更清楚，将零散的感受或认知进行更有意的串联。因而当这种组织与编辑完成后，会对原有的认知有一定的提升作用。

> "如果不通过文字和图片的分享，旅游的感受是零散的，分享思考过程会升华对当地的认知和感受"。（S27）

> "会的，因为有的人其实是在写东西或者在讲东西的时候把这个东西思考得更清楚，我觉得我也有这个学习的特点。"（S13）

> "因为你要思考一遍嘛，那你肯定会对当地的东西有一个新的认识，加深一些印象。"（S6）

> "在对当地认知的基础上，会加进自己的理解和感受。"（S7）

再者，将认知记录下来的瞬间无形中会与当地有一个更深入的联系，而在筛选哪些内容进行分享的过程中，会对旅游地的各方面进行一个较为全面的考量或梳理（包括下意识地或无意识地），从而推动自己对当地的认识或理解，强化认知体验。

> "会促进思考。因为拍了很多照片，最后就选择是要突出哪些内容。比如，其他人可能会突出美景，我会突出当地人的衣食住行，比如当地人吃什么，跟我自己的饮食差异在哪里，什么原因导致的。还有，当地的小孩子都在做什么，有受到良好的教育吗，当地的人对待游客方面是否淳朴厚道。还有，当地人的人际关系如何，民风是否淳朴。"（S32）

> "因为毕竟你发的时候，如果不想刷屏，就只能在有限的空间里面把你想说的说出来嘛。那你肯定要捡重点的说，这个过程中就相当于你在比较说哪一个方面给你带来比较深的印象，那你就只能挑重点的写。或者说，你觉得你的听众会比较感兴

趣哪个方面，那方面就会写得比较多，剩下的就可能放弃了。"
（S33）

（2）旅游照片　旅游拍照是旅游者已然形成的习惯，通常情况下，旅游者会拍摄大量的照片。分享的时候再从中挑选喜欢或有代表性的照片。这个挑选的过程本身就是对所获得旅游体验的回顾与整理。同时，挑选出来的照片也代表着分享者对当地印象或认知的一个整体评估，在某种程度上是对当地体验精华部分的再现或者对当地的再认识过程，因此分享照片的筛选过程事实上是对当地认知体验的一种评估及升华。

"会的，是一个整理和回顾的过程。你会说出来自己当时的感受，而且挑照片的过程就是回顾和整理。"（S43）

"如果附上照片，我会力求把照片内容解释清楚，但我会发现照片内容比我实际认识的更加丰富。我肯定要补充认识。比如我的摄影内容是当地的天空，但当我描述起来，我发现它两边的树木、房子跟天空三者显得特别和谐，我就会产生当地生活环境很美好的认识。"（S19）

3.分享后互动强化旅游体验

在展开此小节的讨论之前需明确一点，本书为了陈述的方便与完整将分享后互动带来的强化作用分为两个小点进行论述，即"情绪愉悦带来的强化"与"实际互动带来的强化"。虽然两者分开描述，但是其前提都是互动的存在。"情绪愉悦带来的强化"这一小节中虽然不论及互动的作用，仅专述情绪对体验的作用，但情绪愉悦来自互动的作用，因此对"实际互动带来的强化"这一小点的论述实际上也是对"情绪愉悦带来强化"的补充解释。

（1）情绪愉悦带来的强化　一般情况下，旅游体验分享者会获得朋友亲人的回应与反馈。对于这些互动，多数受访者表示会因为这些回应而更愉悦。如表5-2所示，42名受访者表示分享后的互动会对其产生积极影响。在这42名受访者中，有25名会从互动中获得关注性愉悦，即因为别人对自己分享的关注而获得快乐情绪；有26名会从互动中得到认同，从而获得愉悦感。当然，并不是每个受访者的情绪都会被分享互动所影响，也有受访者表示别人的回应对自己没有太大影响。为了章节主题的连贯性，这一点将在下一小节的限制条件里讨论，此处不予赘述。

表5-2　分享后互动的影响情况

节点	材料来源
分享后互动的积极影响	42
关注性愉悦	25
认同性愉悦	26

资料来源：根据Nvivo软件分析编制。

受访者认为朋友的评论是旅游美感之外的一种心灵满足，朋友的点赞、关注、认可等互动都会让分享者有更积极的情绪，乃至觉得分享的内容更有意义。

"朋友会点赞和评论，会问是在哪里旅游，会评论景色很美。朋友的评论是旅游美感之外的一种心灵满足，看到朋友的评论会很开心。"（S27）

"会更快乐。如果有更多人在微信上给你点赞、认可，你会觉得更快乐、更开心。一般分享出去以后，别人都会给你点赞、回复评价，如果有赞美之词的话，会觉得很开心、很快乐。"（S1）

"那当然了，就是你发照片如果得到人家的肯定你就会很开

心嘛！然后当然是希望评论越来越多，就越多越好啊！这个好像正常人都是这种心态吧！"（S18）

"朋友们会点赞、评论、交流好不好玩。对于好吃的东西或者比较好玩的东西他们会去评论，这肯定会影响心情的。觉得自己把自己看到的东西、去一个景点的感受分享给别人才会觉得心情比较好。传递一些正能量肯定心情就更好，你发照片给别人看，别人点赞或者说也是跟你有一样的心情或者对你的肯定，你心情肯定会更好呀。"（S11）

"比如说有很多人点赞，你就会发现有挺多人在关注你啊，然后就会很开心，因为他们都有感觉到，我分享的东西就更有意义啊。"（S17）

正如科恩所言，"人们走出自己生活空间的边界，为寻求乐趣而旅行"。愉悦是个人在某个情境里感受到快乐、幸福和满足。谢彦君（2006）认为旅游的本质是体验，体验的目的是获得愉悦，而旅游愉悦的产生是一个复杂的过程。那么，在这个愉悦产生的复杂过程中，由分享互动所获得的愉悦是否能对旅游体验产生影响？答案是肯定的，互动带来的愉悦或者说快乐、开心等积极的情绪会让分享者的旅游体验更为完美，强化他们的旅游体验。这与Pearce等人（2013）的研究结果相符合，他们探讨了游客在旅行过程中情绪变化对其体验质量的影响，认为情绪体验是游客体验的重要组成部分。

分享后与朋友互动带来的好心情会强化分享者的旅游体验，如看风景格外美丽，觉得越看越漂亮，玩的心情越来越好等。这种积极情绪会影响分享者的认知体验，受访者S6表示开心的情绪会促使其更多地了解、思考当地情况，而不是简单地看了风景就走，从而对旅游体验产生促进作用。

"肯定会有一点影响了,我开心了我肯定会更多地去了解这个事。比如说我去年去一个草原上,然后看到那个天空非常漂亮,看到很多马,然后我就Post了一张照片上去,然后大家就都在问这是什么地方,然后我就解释是什么地方,然后我去的时候在下车的时候就会故意去走走这个路啊,想想这个草原的文化呀,看看这个植被啊,然后去看看一些动物怎么生存啊,牧民生存的方式啊等等,然后会联想到这个天空怎么这么好,这个植被要怎么保护啊。这个会对你的整个旅游会形成一个促进的作用。促进你会更多地去思考这个东西,而不是简单地去看了风景就走。因为我感觉就是别人既然点了赞了,那你就会花多一点的心思去想这个地方到底是什么地方赞了,空气好?蓝天白云?那个很多草地,绿草茵茵?牧民是否很淳朴啊?等等,让你去更多地了解当地。因为别人给你点赞了,那你肯定要去了解多一点,那你下次,当你跟这个朋友见面的时候,你会把这个经历更多地分享给他嘛,让他知道,哎,你去的地方真的是对的。"(S6)

柯林斯把"互动仪式"视为一种"市场",互动仪式市场主要是通过资源交换以期获得情感的回报。也就是说情感成了社会互动的主要动因,而社会互动是情感形成和决定情感性状的根本机制。在旅游分享的互动中,旅游者通过分享旅游所见所闻所感与朋友进行互动,并获得相应的情感回报。即,这些互动给分享者带来了积极的情绪体验。社会促进理论进一步支持了这一观点,认为社会联系是有益的,能促进情感幸福。分享互动正是在社会联系的层面上增强了旅游者的愉悦感。已有研究也关注了旅游中的积极情绪,如Pearce等人(2011)认为旅游能够从积极的心理聚焦中获益。

那么,由分享互动带来的积极情绪是如何对旅游体验产生强化作用的？根据Fredrickson（1998，2011）的拓展-构建理论❶，高兴、兴趣、满足、自豪、爱等积极情绪具有拓展并构建个体即时的思想和行为的作用，当在安全的环境下体验到积极情绪时，个体会变得更加开放与专注。由于专注的个体对特定环境的注意与感知更敏感，因此会有多种视角并能识别特定的环境或事件。正如Brown等人（2007）对专注的研究表明，专注对学习、创造性思考以及认知承诺都存在着积极的影响。而且专注会促进了解和自我认可的行为规范，并由此与幸福感和愉悦性的增强相联系（Ryan & Deci，2000）。Kang和Gretzel（2012）的研究也表明，专注对于旅游过程中的学习体验、享乐体验、逃逸体验等都具有积极作用。根据这些理论观点与研究成果，分享互动中的积极情绪会让旅游者在旅游情境下以更专注的心理状态去体验当地，以更包容的姿态去接纳当地的人、事、物，以更活跃的精神面貌去认知当地，从而拓展其情感体验、认知体验等。多种类型的旅游体验，强化了分享者对旅游目的地的整体体验。

在确定了积极情绪对旅游体验的强化作用后，进一步分析这种积极情绪的来源。由访谈结果可知这种愉悦的积极情绪来源于分享后的互动，即受关注带来的愉悦感以及被认同带来的愉悦感。这两种愉悦感在分享

---

❶ 拓展-建构理论是积极情绪研究领域的经典理论。积极情绪是一个含义较广的范畴，包括兴趣、快乐、满足感、爱、自豪、感恩等，是对个人有意义的事情的独特即时反应，是一种暂时的愉悦。拓展-建构理论解释了积极情绪促进个体向上发展的作用机制，包括拓展功能和构建功能。拓展功能指积极情绪能拓展个体即时的思维——行动范畴，包括拓展个体注意、认知、行动等范围。当个体在无威胁的情境中体验到积极情绪时，会产生一种非特定行动的趋向，进而变得更加专注更加开放，并促使个体在当时的情景下反应更准确、认知更全面、思维的创造性更活跃等。构建功能指积极情绪能构建个体持久的资源，它能够帮助个体建构持久的身体、智力、心理和社会资源，这种建构的功能是在"拓展"的基础上实现的。

互动中最为明显,也是强化旅游体验的主要细分路径。

① 受关注带来的愉悦。在前文中我们已经了解了寻求关注是旅游者进行旅游体验分享的一个重要动机,几乎每个人都希望自己能获得别人的关注,因此当这种寻求关注的心理获得满足后会给分享者带来积极的情感体验。

分享者被关注心理得到满足从而获得愉悦感的一个重要前提是分享媒介提供的"可见性"。从消费行为角度看,可见性是指消费者的购买或消费过程能够被他人所观察的程度。消费可见性产品是为了让别人意识到消费者的这一消费行为,并向他人传达所要表达的意义。旅游消费相对于旅游者生活圈而言是一种可见性不是很高的产品,除非旅游者特意去宣告自己的旅游计划。一般情况下,只有身边较为亲密的亲朋好友或联系紧密的工作伙伴才会知悉旅游者的计划,其可见性并不高。因此,很难顺利地满足旅游者寻求关注的心理需求。然而,通过移动社交媒体,更确切地说是通过虚拟的传播手段,"可见性"的具体场景产生了质的变化,不再仅仅是实体的公共空间,而是一种由媒介塑造的虚拟空间。通过这个虚拟空间的传播,旅游消费成为可见性很高的产品。

在此,可见性的概念已经与媒体传播相联系,不再是单纯的物质空间的可见性。Dayan(2013)针对网络等新媒体出现后公共空间发生的转变,提出"可见性"的概念。所谓可见性是指能否被他人看见、能否获得他人的注意力,当获得的注意力达到一定规模,即产生了可见性。移动社交媒体等新媒体的出现不仅使公众能够获得可见性,还能以自己的方式定义可见性。公众能够选择哪些内容可以被看见,哪些内容需要进行整饰方可被看见,他们甚至可以决定自己所要传达的内容由谁看见,而谁不能看见。通过社交媒体所提供的可见性,旅游者能更便捷也更自然地寻求别人的关注,而不需特意去将自己的旅游经历广而告之。

由此,分享行为能够提高分享者旅游消费的社会可见性,更易满足分享者寻求关注的心理,并在分享互动中感受到被关注的愉悦感,从而强化其旅游体验。正如受访者所提及的，别人的关注会让分享更有意义，也让旅游者更有动力展示其旅游体验，更有兴致去体验当地。

"比如说有很多人点赞，你就会发现有挺多人在关注你啊，然后就会很开心，因为他们就有感觉到，我分享的东西就更有意义啊这样子。……我觉得有朋友的关注和肯定会更开心，会尽量展示一些照片并附有说明，让朋友也能感受那些照片中的景色带给我的感受。"（S55）

"就是如果旅行中间大家对你的旅行比较感兴趣的话，兴致就会更高一点。"（S33）

"有回应了说明有朋友对这个有兴趣，会更有兴致发现不同的东西跟大家分享。"（S43）

"当然大家对照片赞的越多，玩起来就越有干劲，拍照也比较勤快，觉得自己旅游一趟没有白费，不仅自己玩，还和别人互动。"（S46）

② 被认同带来的愉悦。获得认同也是旅游体验的分享动机之一，正如前文所指出的，个体力求维持或提升他们的自尊，他们会采用各种方式提高这种自尊，包括借助群体力量或者依靠自己的努力。当个体对认同的渴望获得满足时，会给个体带来积极的情感体验。这种由认同带来的愉悦感将进一步对分享者的旅游体验产生提升作用，觉得旅游更有意义，乃至有受访者认为这种认同是旅游体验的重要组成部分，获得认同就是达到了旅行的一个目的。

"比如说我去一个地方看了很漂亮的景色，然后同事说哎哟照片拍得很漂亮怎么样的，那么我就会觉得……因为我本身处于旅行就是一件很愉快的事情，那么朋友给予的一些肯定也会让我更开心。"（S9）

"会对下一步的旅游,就是会发掘更多咯,如果是得到肯定的话,肯定会发掘更多,更多好的东西。发现更多的东西就是强化的效果了。"(S15)

"而且最重要的是,会让人家觉得你不只是一个很爱拍照片的,只是在秀照片、在秀好看的人,其实你对于旅游或者旅途你有一些自己的心得或者是什么的时候,他们会去肯定你的时候,你会觉得说还是蛮有意义的。"(S3)

"这些感觉会让你到这个目的地更快乐更开心。其实人活着一辈子呢,很多时候就是需要社会的认同,需要朋友的认同,一旦别人认同,等于达到此次旅行的一个目的了,所以你会感觉很快乐。"(S1)

认同包括两个层次,社会认同与自我认同。从访谈结果看,分享者不仅注重社会认同,同时也关注自我认同。受访者们关注的认同层次各有侧重,不少受访者更注重自我层面的认同。如受访者S12认为是自己的加工和分享让大家有了好的回应,是自己发现了旅游地别致的美,因此通过互动会更喜欢自己。类似地,受访者S13则指出别人对分享的反馈会促进自我认可,同时别人对自己观点的认同是实现自我价值的一种途径。

"我会更喜欢自己。……就是朋友正面的鼓励就会让你觉得自己的照片文字很好啊,因为美景总是在那,是你的加工和分享让大家都有好的回应,所以应该感谢自己而不是感谢美景,就算一些不好玩的地方也许是你发现了它的别致的美然后分享出来。"(S12)

"可能会自己觉得自己还挺牛的,或者是自己觉得自己,找的地方挺好的。反正可能也是更进一步地自我认可吧……会有人认可我的观点,然后觉得我说得特别对,这种认同和认可就

是实现自我价值的一种途径吧。这种认可，存在感会让我更愉悦。"（S13）

（2）实际互动带来的强化

① 对当次体验的作用。根据社会互动理论，社会现象与社会行为只有通过人际间的互动和相互影响才能得到解释。社会互动是人类存在的重要方式，是人们对他人采取社会行动和对方做出反应性社会行动的过程。换言之，社会互动的过程就是个体不断地意识到自己的行动对别人的效果，相应地，别人的期望则反过来影响着个体自己的行为。正如受访者指出的，他们会因为朋友的要求而进行旅游分享，并能够更尽兴地玩。类似的，别人的建议或推荐会影响分享者的旅游行为与体验。如受访者S35提及的，与朋友分享互动中所获得的推荐，自己找到以后会非常开心。受访者S39也表示会乐意尝试有共鸣的朋友所推荐的项目。

"因为很多时候我们分享东西是自己愿意分享，还有一种是别人让你分享。比如说像我们要出去嘛，人家就会跟你说你要多拍一些照片跟我们分享啊，那你就会想说，还有人要看那你就一定要去拍一些。所以很多时候我们发说说或照片很有可能只是给一小部分想看的人看。"（S8）

"如果是在旅游过程中的分享的话，其他人一定会说，多拍一些美图回来，这个时候会让你更尽兴地玩。"（S32）

"比如说出去玩发了一张照片，有朋友会说，除了这个这个可能还有什么什么，那我当时就会想朋友的推荐哎，那我们再去找一找。……如果他有跟我说这个东西非常好吃，然后我去找，找到了肯定会非常开心啊。"（S35）

"如果回复多，就会更兴奋，因为大家有共鸣或认可。如果和我有共鸣的朋友在回复中有推荐目的地的别的项目，我会很

乐意去尝试。"（S39）

人们的认知会在社会互动过程中得到提升。在渐进认知发展模式里，社会互动是发展、意识以及认知的前驱。Bruner（1964）也确认了社会互动与高阶认知功能发展之间的关系，他相信技术工具支持着认知的发展以及人类能力的进化，并提出理论：随着时间的流逝，"人类（人性）是通过将自己与新的外部执行系统相联系而产生变化，而不是通过外在形态的明显变化"。旅游者的分享行为通过移动社交媒体等信息通信技术进行，增进了社会互动的机会，而社会互动能促进认知的发展，强化分享者的旅游体验，特别是认知体验。

"分享之后与圈里的朋友互动也是交流学习的过程。"（S54）

"其他人在看我的分享的时候，可能会有不同的视角，他的评论或许给我带来新的思考，这让我对事物的把握更有整体性。"（S19）

社会互动也会推动旅游体验分享行为的进行。在网络环境下，知识共享相对容易完成与维持，从而让互动更容易实现。社会互动越多，知识交换的强度、频率、广度就越大，而反过来又会促进个体与他人的互动意愿。在旅游体验的分享中，别人的回应或反馈会促进旅游者的分享行为，增强他们的体验呈现意愿，从而间接地强化他们的旅游体验。

"别人的评论回应会让我更开心，会让我玩得更high，更投入到旅游体验中，以及下一次的旅游分享。"（S7）

"这肯定会啊，然后我就想要发更多的照片。"（S18）

"你更愿意更详细、更翔实地把更多好的东西展示给他们，你会觉得有义务去更多地了解，去给别人做引导，做推荐。会深入地了解当地的这些。"（S1）

② 对下次体验的强化。旅游分享带来的影响既有当次的即时性，也有对下次体验的滞后性影响，如互动会促进他们在下一次旅游中更细致地关注旅游地，发现更多值得分享的人事物，乃至影响分享者对下次旅游体验的预期，更期待下一次旅游的进行。

> "我一般都是旅游回来了才去分享，有影响的话也不在旅游那时，都是旅游之后了。倒是看到有人关注了我下次去玩会多拍点东西回来，多分享些。"（S49）
>
> "分享也会促进我下次去旅行。"（S10）
>
> "他们互动的影响就是有可能引发下一次的旅游，或者说邀他一起去啊都有可能。"（S24）

三、强化路径的限制条件

前文提及，并不是每个受访者的情绪都会被分享互动所影响，也有几位受访者表示别人的回应对自己没有太大的影响，进而分享互动对其旅游体验不具备强化作用。本节将着重探讨这些反面案例，分析强化路径的限制条件，以进一步调整本研究关于强化路径的适用范围。受访者表示别人对自己分享的回应不会影响自己感受的主要原因包括两个方面，其一，分享动机的制约；其二，分享内容的制约。这些制约因素交叉存在于受访者中，并非一一对应关系。

1. 分享动机的制约

动机是驱使个体从事各种活动的内部原因，是行为的重要决定因素，动机与其个人特点决定了个体产生行为的意图倾向。美国心理学家托尔曼的研究结果表明，行为的动机是指望得到某些东西，期望通过某些途径或手段来达到我们行动的目的。动机理论不仅解释人是如何被推动的，也解释了个体选择某种特定活动的原因。旅游者进行体验分享是出于某种或某几种动机的驱动，而对分享后的互动采取何种态度、何种行为同样也会受到分享动机的制约。理论上，受到同一种动机推动的行为过程应该是具备一致性与连贯性的。因而，分享者受别人回应的影响也会受到其前置分享动机的制约。从受访者的反馈情况来看，表示别人回应对自己没有影响的分享者其分享动机主要是自我导向型的，而不是为了获得别人的认可。

"别人点了赞也没有好开心或不开心的，我发出来的目的主要是分享一下旅途中的快乐，至于别人看或不看，或点赞或评价，我觉得都是别人的事情。"（S42）

"我分享自己的旅行经历和照片的主要目的是为了记录自己看过的风景走过的路，不是为了得到别人的反馈或认可，所以别人的点评并不会对我有什么影响。"（S31）

此外，个体的行为动机是复杂多样且可能随着时间而改变，在解释当下行为时只能从当下的动机出发。正如受访者S26所表示的，以前可能会受到影响，因为那时候的分享动机是希望别人看到或者跟别人互动；现在没有影响，则是因为其分享动机已经有所不同，"留个痕迹"的记录动机取代了寻求关注的动机，自然而然其影响也就不一样了。

"以前可能会吧，现在不会了，可能老了，哈哈……以前分享是希望别人看到或者跟别人互动，现在分享只是留个痕迹，像写个流水账一样。"（S26）

需要进一步说明的是，分享动机与个体的价值感知息息相关，个体的价值观通过影响旅游动机而制约分享对其旅游体验的强化作用。如受访者S5所言，她"更关注生命个体的感受，而不会太在意别人的反馈"，受访者S25也提及更注重自己的感觉。注重自我感受体现了旅游者所持有的价值。汪新建（2010）指出人类思维的抽象性使其认知活动总以某种有意识的方式去适应不同的环境，并形成一定的行为规则。而在不同情况下使用这些行为规则时，人们自然会偏向那些更加有效的规则。从而这些规则成了个体所持有的价值，成为指导个体行为的准则。这些抽象价值是旅游者态度的基础并指导其随后的行为。价值观是个体适应环境的一种策略，通过这种策略个人适应了环境，从而实现了一个优化的行为方式或一种渴望的目的状态。就体验而言，注重自身感受可被理解为一种内在导向型或自我导向型的价值，这种价值更多的是为了满足自身需要，而非为了满足任何社会规范。价值是动机形成过程中的关键促进因素，个体的动机是多样并存的，而与价值相关的动机一般是其首要动机。在某些环节上，价值促成了真正的动机和行为结果。因此注重自我感受的分享者并不会在意别人的反馈和评价，他们进行分享的动机更多是为了自己，是自我导向型的。

"我身边很多人可能会被这种回复互动影响，但是还是会有一部分人，像我这样更关注生命个体的感受，而不会太在意别人的这个反馈啊，或者被别人的反馈所引导。毕竟在现实生活当中这个回馈也是有一定的原因。在旅游的瞬间我会偏向自我的感受。"（S5）

"分享旅游照片或者感受，很大程度取决于我的心情。只是为了记录下自己曾经走过的地方，记录下发生过的一些让人感动或者开心的事情。别人是否回应，或者有时候他们对这个景点不好的评价，都不太会影响我，我觉得在当下，我自己玩的时候很开心，比较重要。我比较注重自己的感觉，喜欢景点，与别人的评价无关。"（S25）

2.分享内容的制约

受访者所提及的另一个制约因素是分享内容，这一因素更多地对分享前准备与分享中表达这两个强化路径起作用，而分享动机则更多的是制约着分享后互动这一路径。根据分享内容的不同，分享前的准备或分享中的表达对当地认知体验所能起到的强化作用是存在差异性的，即分享内容在一定程度上影响着这两条路径是否会对旅游者的认知体验起强化作用。在整个旅游体验中，旅游者接触到各种事物，包括自然风光、人文历史、美食等。虽然从理论上而言，旅游者接受新鲜事物必然会有一个认知的过程；但是对于一些游客而言，在旅游过程中更注重身心的放松，因此他们可能更愿意选择一些不需要花太多精力了解的内容进行分享，如自然风光；而对于历史文化的分享可能就不那么在意（并不是说自然风光就不存在需要了解的背景知识，只是从旅游者的习惯来看，风景的分享更多是表达对美景的喜爱。相对于人文历史的分享而言，对背景知识的要求更少）。由此，分享内容在这种意义上制约了分享对认知体验的强化作用。从受访者的反馈看，他们大多认为分享人文历史或风俗文化的内容要求旅游者进行更细致地查证或者对这类内容进行更多的理解与思考。而他们所分享的内容与这方面联系不大，因此不会强化他们的认知体验。

"基本上不需要查证吧，因为他们问的都是跟照片关系比较大的东西，所以一般来说我自己都知道他们问的那个答案了。那如果是比较偏人文历史的可能需要查证一下，自然风光就不太需要。"（S33）

"不会，我很懒，对地方的风俗文化其实都不太感兴趣，就图个风景养眼、放松心情、吃当地美食，对文化这块关注不多，所以兵马俑、博物馆这类有文化底蕴的旅游地对我的吸引力一般般。"（S26）

"我一般分享照片，风俗人情很少分享，所以对当地的认知理解和思考应该和分享没有什么关系。"（S49）

"倒没有哎，因为我对当地的历史文化之类的不会关注得很深。"（S8）

此外，分享内容的选择实际上受旅游者个体特质的影响，消极的旅游者（懒、随意或不愿意付出努力以让分享更有吸引力等）不对旅游符号进行解读与重构，而是随心或随意拍摄发布。如有受访者表示，"我很懒，对地方的风俗文化其实都不太感兴趣，就图个风景养眼、放松心情、吃当地美食，对文化这块关注不多。"（S26）虽然受访者对分享感兴趣，但并不会为了分享而付出太多精力。换言之，旅游者可通过分享提升其认知与情感体验，但诸如动机与个体特质这类个人内在因素限制了这种效果的形成。进而，特定分享动机与分享内容成了强化路径的制约因素。

正如受访者所言，分享动机与分享内容对体验的强化是具有制约性影响的。

"这点，我觉得分享的动机和分享的内容很重要。比如某个地方的整体情况让我很喜欢，我很想要还原当地的风貌，我就会尽量追求客观，注重文采表达，就要做更多的功课去加深理解……有时候借景抒情，有时候关键不在风景而在人物，如果只是借此景而心在别处，就不存在加深理解当地的情况了。"（S19）

第二节
浏览者：有前提的行为影响

如表5-3所示，对浏览者的影响包括唤起旅游欲望、了解旅游地信息及影响旅游决策三个方面。

表 5-3　旅游分享行为对浏览者的影响范畴

范畴	副范畴	核心概念
旅游分享行为结果：对浏览者的影响	唤起旅游欲望	想去玩
	了解旅游地信息	路线；价格；攻略；细节情况
	影响旅游决策	目的地选择；景点选择；餐饮选择；线索心理；从众心理；自身喜好；原有经验知识；闲暇时间；与分享人关系程度；旅游同伴

一、唤起旅游欲望

从访谈结果看，在浏览了分享内容后多数人会表达想去旅游的心情，即旅游分享唤起了潜在旅游者的旅游欲望。旅游欲望的唤起并不局限于旅游者所分享的特定目的地，而是一种更广泛的想要体验异地风情的欲望。旅游欲望的唤起与符号罩息息相关。诚如前文所述，旅游者在移动社交媒体中更愿意分享美好的一面，这种选择性的表露促成了符号罩的形成，符号罩的存在给旅游目的地或者说给旅游行为蒙上了美丽的面纱，更能激发浏览者潜在的旅游欲望，促成特定的旅游行为。

旅游欲望的唤起与受访者"影响他人"动机是嵌套在一起的。正如不少受访者的分享动机之一是影响别人的行为、观点，让别人认同自己所分享的旅游地，或者能来旅游地进行游览，体验乐趣；相应的，他们的分享确实在很大程度上影响了别人，唤起了他们的旅游欲望。旅游是社会发展到一定程度的产物，并非个体与生俱来的需要。特定旅游行为的实现是在潜在旅游者旅游需要、旅游动机与旅游欲望的心理反应基础上一步步完成的。

旅游欲望是实现旅游需要的一种形式，是一种更为具体的指向。并且旅游欲望不存在满足与否的问题，欲望本身的特性就是没有止境。当某种欲望得到满足，另一个欲望便会显现。当某个特定欲望无法满足时，欲望的可替代性推动人们去实现一个更容易满足的欲望。旅游欲望同样具有这样的特性，此特性对于旅游企业而言是一个极佳的营销点。如通过开展各种促销活动，激发人们的旅游欲望，使潜在旅游者转换为实际旅游者。从这个角度看，旅游分享行为在某种程度上为旅游目的地、旅游企业做了营销的工作。正如受访者S5所说的"在讲述这个地方的风土人情和所见所闻的时候，会有很多学生想去这个地方，相当于我在这个地方做了一个免费的旅游宣传广告"。这对旅游目的地与旅游企业来说既是利好消息，同时也对它们所提供的旅游服务、产品提出了更高的要求。如果旅游地无法给旅游者良好的旅游体验，那么通过这种旅游分享行为的负面信息传播将会给旅游地形象带来不利影响。

二、了解旅游地信息

旅游分享行为对浏览者的另一个影响是让他们对旅游地信息有一定程度的了解。对分享内容感兴趣的浏览者会进一步向分享者咨询具体信息，如游览路线、费用、注意事项、哪些景点值得游览，哪些景点可以忽略等，进而优化自己的旅游行程。了解旅游地信息是旅游决策行为中信息搜寻阶段的重要活动，也是推动旅游者完成旅游行为的一个关键步骤。通过这一步骤，旅游者在旅游欲望的驱使下，进一步评估旅游行为的可行性。这也是对分享动机之一的"给别人提供借鉴和信息"的实质回应。因此，在这个环节，旅游分享者在旅游地的体验质量如何以及对旅游地所抱持的观点将会在很大程度上影响浏览者的评估结果。如果分享者所传达的是关于旅游地的负面信息，那么浏览者很可能将旅游地排除在目的地选择域之外，或者对一些具体选择，如景点、住宿、餐饮等不列入考虑范围内。相反地，如果旅游地给予分享者极佳的旅游体验，那么分享者通过旅游分享的宣传效果不言而喻。

此外，这里还涉及一个概念，熟人圈分享。本研究的分享行为是通过基于现实人际关系的社交平台进行的，相对于旅游博客或其他旅游虚拟社区而言，属于强关系网络。不少受访者表示，他们更看重朋友的推荐，特别是关系好的朋友的推荐。因此这种熟人圈的分享在口碑传播上具备较强的宣传效力。正如受访者S15在接受访谈中所提及的"微博自己熟悉的那群人里面发的这种旅游分享行为，它的分享性是最强的。因为好的话他们就会马上很想去尝试去玩"。

三、影响旅游决策

旅游分享行为对浏览者的旅游决策会产生一定影响。这种影响包括对目的地的选择、对具体景点的选择、对餐饮的选择以及对特定项目的选择等。旅游者的分享促使浏览者对旅游地或旅游景点形成初步印象，并根据分享信息的好坏特性对旅游地形成相应的体验预期。由此，分享所指向的旅游地成为潜在旅游者的参考项之一，是下一步旅游的一种指引。而对于具体景点的选择或者美食方面的选择，受访者表示旅游分享为他们提供了一种线索，包括游览线索与尝试美食的线索，以避免"犯错误"，实现旅游效用最大化。影响行为决策这一范畴还包括一系列核心概念，如线索心理、从众心理、自身喜好、原有经验知识、闲暇时间、与分享人关系程度、有无旅伴等。其中，从众心理是旅游分享对浏览者的行为产生实质影响的重要推动力。如受访者S44去泰国旅游就是因为"那个时候好像看到很多人都去泰国，所以也就去了一趟泰国。看到朋友在朋友圈里发了泰国的一家美食特别有名，看了朋友圈以后，还特别跑去那个地方吃了一顿饭，印象特别深刻"。

尽管旅游分享会对浏览者的行为决策产生影响，但具体影响程度如何，是否完成实质上的旅游行为，还与浏览者自身喜好、原有经验知识、闲暇时间、与分享者关系程度、有无旅伴等因素密切相关。受访者表示，如果分享的内容与自己的喜好兴趣相符合则更会受分享内容的影响，反之，则影响不大；原有经验知识则会影响浏览者对分享内容的判断，如果是自己本身对某个领域或某种类型的旅游目的地非常熟悉，那么浏览者将不会受分享内容的影响，反之，浏览者则容易受朋友推荐的影响。

如受访者S25所说的，她"不会轻易相信每个人的观点。毕竟比如对于内陆的人来说，他们认为看到大海就很美；但我住在海边，近几年旅游的地方多了，我对海的评价的程度就高了。可能他们觉得很美的，我不一定这么认为。所以一般情况下，只有很信任的、很懂我的人，他们亲自去过了、推荐了，我会考虑；但是如果是我不擅长的领域，比如说我很少看到草原，那我的主观意识就会低很多，只要是朋友推荐的，大部分都会考虑。"上述观点也显示了与分享者的关系程度会对推荐作用产生影响，多数受访者表示比起网络上的攻略，他们更相信朋友的推荐，因为很多网络攻略都是不真实的。闲暇时间则是受访者提及较多的限制因素。即使浏览者对分享内容很感兴趣，如果没有闲暇时间就不可能成行。另外，少部分受访者表示有无旅伴也会限制旅游行为的进行。对于非常看重旅游同伴，必须有同伴才进行旅游行为的人来说，如受访者S2，即使其他条件都具备，没有同伴的情况下她也不会进行旅游行为。

第六章

旅游分享行为理论模型构建与修正

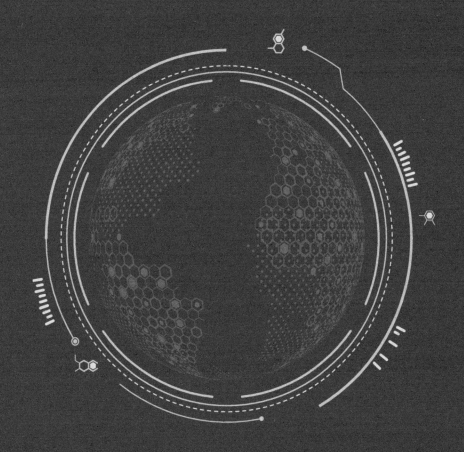

第一节
旅游分享行为理论模型构建
——基于扎根理论方法的探索

本书应用扎根理论的三级编码对研究资料进行编码分析与处理。通过开放性编码与主轴性编码步骤获得三个主范畴，即旅游分享行为前因、旅游分享行为实现与旅游分享行为结果。并在选择性编码阶段以核心范畴"旅游分享行为动态过程"将三个主范畴进行关系联结。第三、四、五章分别对三个主范畴进行了阐述，本章根据扎根理论对原始经验数据的系统分析构建实质理论模型——旅游分享行为动态过程理论模型，如图6-1所示。该模型包括三个阶段、两个主体、两类行为影响以及一个动态过程。

三个阶段：一是旅游分享行为前因阶段，即旅游者衡量是否进行旅游分享的阶段。在此阶段，旅游者是否进行旅游分享受分享动机驱动，同时也受各种要素的影响。二是旅游分享行为实现阶段，即旅游者在排除各种分享限制因素的前提下，在某个时间段进行旅游分享，从而在移动社交平台呈现其旅游体验并与别人进行互动的阶段。三是旅游分享行为结果阶段，即旅游分享行为实现后，对分享者与浏览者产生后续影响的阶段。

两个主体：旅游分享行为涉及旅游体验分享者与浏览者两个主体。在不同的旅游分享中，个体的身份在分享者与浏览者之间转换。当发布旅游体验相关内容时，个体是分享者；当浏览别人的旅游体验分享时，个体是浏览者。

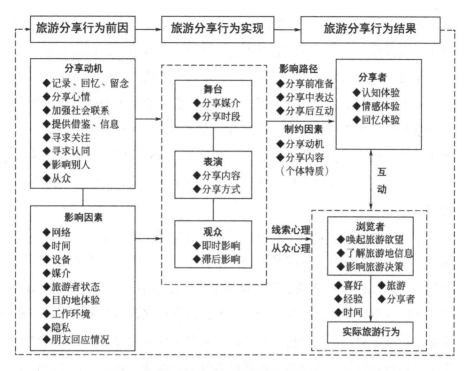

图6-1 移动社交平台旅游分享行为动态过程理论模型

两类行为影响：旅游分享行为会对分享者本身与浏览者产生影响。

一个动态过程：即从当次分享进入下次分享的过程。

旅游分享行为的动态过程如下：在旅游者进行旅游分享前受到分享动机的驱动，包括记录、回忆、留念，分享心情，加强社会联系，寻求关注，提供借鉴、信息，寻求认同，影响别人及从众等8个动机。旅游者的分享动机并非是单一的，而是具备多样性。某个旅游者的分享动机可能包括两个或两个以上。旅游者受分享动机驱动的同时，也会面临各种限制因素，网络状况、时间限制、分享设备状况、分享平台便利性、旅游者状态、目的地体验情况、与工作环境冲突、隐私、朋友对旅游分享的回应情况等多个要素制约着分享行为的实现。当制约因素消失或旅游者在各种制约因素交互权衡取得一个平衡状态时，旅游者做出旅游分享的决定，从而进入下一个阶段——旅游分享实现阶段。

在分享实现这个阶段，旅游者以适合自己的分享方式，通过移动社交平台进行分享。分享内容涵括旅游过程中的各种体验，包括风景、人物、美食、娱乐休闲活动、酒店、天气等多个方面。从信息特性看，这些分享内容可能是正面信息也可能是负面信息。旅游者选择什么内容进行分享受到自我概念的影响。通过这些内容的分享，旅游者在社交平台上构建了自己的旅游体验并将之展示给观众，与观众实现互动。在这个阶段，与观众的互动情况将分享行为带入结果阶段，并直接影响分享行为的结果。

分享行为的结果对分享者与浏览者这两个主体形成影响。对分享者而言，分享者在三种影响路径的作用下强化了认知体验、情感体验与回忆体验。这三种影响路径包括分享前准备、分享中表达与分享后互动。事实上将这三种路径进一步分析会发现，分享前准备与分享中表达受分享后互动的推动。旅游者进行分享后在互动中获得愉悦感，进而这种愉悦感推动着分享行为的进行，从而进入分享前准备、分享中表达与分享后互动的循环过程。然而，这些影响路径是否发挥作用以及发挥多大的作用受制于分享动机、分享内容两个因素，因此并非每个分享者的体验都会在分享行为中得到强化。但总体而言，分享者会从分享的互动中获得愉悦感，进而这种行为结果反过来促进下一次分享的进行，从而形成分享行为的动态循环过程。对浏览者而言，基于线索心理与从众心理，旅游分享内容会唤起浏览者的旅游欲望，给浏览者了解旅游地信息提供了一个渠道，并对其旅游决策产生影响。但是这种影响是否会转化为实际行动，仍会受到浏览者对目的地类型/景点类型的偏好、自身原有经验知识、闲暇时间、与分享人的关系以及是否能找到旅游同伴等因素的制约。

在上述动态过程中，分享前因的影响因素，包括网络状况、时间、分享设备状态、目的地体验情况等与分享实现阶段的分享时段、分享平台、分享内容、分享方式息息相关。旅游者会选择在有网络、有时间或分享设备有效的时间段进行分享，目的地体验情况则会影响分享的具体内容与分享方式等。而分享实现阶段的分享内容、分享方式又会对分享结果阶段的影响路径与路径限制条件产生影响。

第二节
旅游分享行为理论模型修正
——基于文献比较的研究

第六章第一节立足经验数据，通过扎根理论构建了旅游分享行为的"实质理论模型"。但是由于研究数据来源于特定研究对象，具有一定的局限性。因此，扎根理论一般要求在"实质理论"建构后进行相关的文献比较研究，从而完善"实质理论"并实现所建构理论与现有研究的衔接，使研究工作具有延续性。本章在第一章文献回顾的基础上进一步搜集相关文献进行比较研究，并吸收现有研究成果对所构建的分享行为动态过程理论模型进行修正。

一、旅游分享行为前因阶段

（一）分享前因相关文献成果总结

国内外学者基于社会认知理论、社会资本理论、社会交换理论、理性行为理论、社会影响理论、技术接受理论、动机理论等多种理论，提出了多种知识分享的动因，归结起来可分为两大维度：个体维度与外部环境维度。其中个体维度包括个体认知、人格特质、人口统计学特征等；外部环境维度包括相关的各类社会环境因素、信息技术因素等。从个体维度看，分享行为前因主要包括结果预期、自我效能、认同/归属感、寻求声望/地位/自尊/认可/面子、利他精神、形象、享乐需求、社会交往、追求时尚、个人隐私、成本、丢面子、人格特质以及人口统计学相关因素等。其中个人隐私、成本、丢面子是负向因素，抑制分享行为的进行。从外部环境维度看，分享行为影响因素主要包括社会维度方面的信任、互惠关系、主观规范、社区文化/氛围、外部奖励、互动强度以及技术维度方面的感知易用性、感知有用性、感知愉悦性、努力期望、便利条件、兼容性、隐私安全、使用经验等。

值得注意的是，不少个体维度因素与外部环境因素是相辅相成的，如个体维度的结果预期/预期奖励与外部环境的组织奖励；自我效能与技术维度的感知易用性、期望努力；担忧个人隐私泄露与技术维度的隐私安全性；加强社会联系与社会维度的互动因素/成员交流等。换言之，分享者的分享行为动因一般都是多维度的，并且这些维度很可能是以交叉的形式对分享者的分享行为产生影响。不少外部环境正是基于个体维度的分享动因而有针对性地进行环境改善以适应个体的需求，从而有利于分享行为的持续性。

（二）分享前因研究成果的比较与启发

在旅游分享行为的前因阶段本研究提取了影响分享行为的9个因素及分享动机的8个要素。其中影响分享行为的因素包括网络状况、时间限制、分享设备状态、旅游者个性、分享平台便利性、工作环境冲突、隐私、目的地体验满意度、朋友对旅游分享的回应；分享动机包括记录、回忆、留念，分享心情，加强社会联系，寻求关注，提供借鉴、信息，寻求认同，影响别人及从众。对比现有研究成果，本研究通过扎根理论所获取的分享行为影响因素、动机，具有一定的延续性与衔接性，同时也具备特殊性。

1.旅游分享影响因素的延续性与特殊性

从外部环境维度看,网络状况、分享设备状态、分享平台便利性与已有技术接受影响因素研究相吻合。工作环境冲突这一因素与主观规范、社会规范有共通之处。受访者认为的与工作环境冲突是指在本应是工作时间的时段进行旅游行为或者让来自工作环境的他人(如同事)通过自己的旅游分享知晓自己旅游情况导致不良影响,因此迫于这种社会压力,旅游者一般不会与工作环境相关的他人分享自己的旅游体验;从而抑制了他们通过基于现实人际关系延伸的移动社交平台进行旅游分享的意愿。

时间限制因素在已有研究成果中是作为一种个体成本——时间成本,放置在个体维度中,但本研究的时间因素与现有研究略有区别。比起旅游虚拟社区的分享,微信这类移动社交平台的旅游分享随意性更强,可以图文并茂,也可以仅仅是旅游照片的发布;多数是分享个体片段式的旅游体验,相对来说对时间的要求并不高。而旅游虚拟社区的分享更多是需要实际性信息的攻略或者图文并茂的游记,因此更需要旅游者抽出较完整的一段时间完成该项任务。因此,本研究的时间限制是指在旅游过程中的分享阶段,由于旅游行程安排过于充实而来不及进行分享,面对这种时间限制,多数旅游者会将今天的体验分享推迟至隔天或者行程相对轻松仍有余暇时间的时候。

目的地体验满意度在已有研究中甚少关注,从访谈结果看,目的地体验情况会对旅游者的分享行为产生影响,因为体验绝佳或者体验度不佳而进行正面信息分享或负面信息分享。朋友对旅游分享的回应情况这一因素既与社会维度的互动、关系因素相关,也与个体维度的预期结果有关。旅游分享涉及两个行为主体,分享者与浏览者,浏览者给予的回应及互动会对分享者产生影响,不需要别人回应的分享行为较少存在。并且,从分享动机看,多数分享动机具有外部导向性,如寻求别人的关注，寻求别人的认同，因此朋友对旅游分享的回应情况对分享者相当重要。如果分享者预感自己的分享将会获得积极的回应，他们能通过旅游分享而与朋友进行交流互动，那么他们的分享意愿就会更强烈。

已有研究表明，互惠、信任、归属感这三种因素是极为常见的影响变量，但本研究并未通过扎根方法得出这三个因素。根据社会资本理论❶，指向个体之间人际关系类型、强弱程度的关系维度包含三个关键因素：信任、认同与互惠规范。信任是个体对他人行为意图将导致结果的看法，信任的程度越高个体越愿意提供高质量的知识。认同是个体将自己视为某个组织的一分子的程度，研究表明认同能够有效促进知识分享行为。互惠指个体出于公平感会积极回报他人的恩惠，当个体预感到他人对自己的行动予以回馈时，个体更愿意采取这种行动。互联网之间的知识共享行为受到互惠意识的影响。本研究的结果没有体现这三种因素与移动社交平台的强关系网络属性相关。基于现实人际关系延伸的社交平台，互惠、信任、归属感已经在现实中发展起来，因而分享者在衡量是否分享时甚少关注这些因素。此外，享乐需求与分享结果阶段的互动愉悦性相关，担心丢面子则是分享者分享前进行准备以避免发布错误信息的前因。

2.旅游分享动机的延续性与特殊性

尽管分享媒介不同，但大部分旅游分享动机存在相似性。加强社会联系、寻求认同、提供借鉴、信息等因素与现有研究成果是相一致的。记录、回忆、留念，分享心情，影响别人，从众，寻求关注这几个因素

---

❶ 社会资本主要指存在于社会关系网络中的一种实际或潜在的资源，是一个多重维度的概念。Nahapiet和Ghoshal（1998）认为社会资本来自人际关系网络以及从中发展出来的信任、共同认知、合作关系等，并提出了社会资本的三维度模型，包括结构维度、关系维度与认知维度。

虽然现有研究并未明确指出，但略显差异的同时仍是一脉相承的。记录、回忆、留念与分享心情两个动机与现有研究的享乐需求、满意、兴趣、社会交往等因素有共通之处。旅游者进行旅游体验分享不仅能满足内心的享乐需求或兴趣，同时也通过这种分享进行社会互动，是社会交往的一种形式。

从众心理可以看作是追求风尚的一种内在动机，同时这种内在动机在基于现实人际关系的社交平台分享中表现得更为明显。根据社会认同理论，个体通过将自己归类进某一组织或团体并借助该团体获取社会认同。从众心理的分享者通过接受并顺从自身社交圈子里的行为方式而避免自己被边缘化。因此当多数朋友都在进行旅游分享时，从众心理者担心被团体落下而跟风进行分享。不同的是，在移动社交平台上的体验分享从众心理会表现得更明显。从众作为社会心理学理论的一个重要概念，它与许多社会心理学理论一样是基于面对面的互动关系发展起来的，即它是基于强关系社会网络而发展的。从众的参考群体更多来自身边关系较为密切的群体。因此，对于基于现实人际关系而建立起来的移动社交平台，从众心理更能在其中发挥作用。

寻求关注这一动机某种程度上是寻求认同的前提，有他人的关注才可能获得他人的认可。而影响别人的行为、情绪、观点这一动机事实上与给他人提供借鉴或信息是相辅相成的，不同之处在于，给他人提供借鉴是更为纯粹的利他主义，试图通过分享相关内容而影响别人的行为、观点更多是出于对自我的关注，如希望以此提升自尊、树立自己形象等。这一点与分享媒介的强关系属性有关，分享者希望影响他人的动机是针对自己圈子的亲朋好友而言的，而非一般虚拟社区里的陌生人。通过信息传播影响自身社会圈子，促成圈子里共通性的产生，并由此可能获得一种"权威地位"，提升自尊。换言之，就本书的受访对象而言，保持联系、寻求关注的需求更依赖于强关系平台互动来实现。当下社交平台强弱关系并存的趋势与现象下，在熟人圈内求关注被回应成为我国旅游者选择强关系平台分享的重要动机。分享旅游体验并与浏览者互动虽在强弱关系平台均可实现，但受传统差序格局社会关系的影响，我国旅游者更重视熟人之间的互动，愿意在圈定的人际关系范围内进行常规或非常规的自我呈现，传统的"面子文化"进一步强化了这种倾向，通过在强关系平台分享增强了旅游行为的社会可见性，进而使之成为旅游者的面子资本。正是这些因素，让更多的中国游客选择强关系平台进行旅游分享；即使在同为强关系平台的选择上，也以熟人多寡作为取舍依据。如受访者所述"以前用QQ多一些，现在基本就发朋友圈，毕竟认识的朋友都用微信了。"（S17）

虽然大多数旅游者的分享动机存在相似性，但通过移动社交平台的分享动机与在弱关系网络上进行分享的动机存在差异，即强关系平台上与个体相关的动机更为显著，如本研究通过扎根方法得出的记录/回忆/留念、分享心情、加强社会联系三种与个体相关的动机更被受访者重视；甚至有一些受访者无法认同与陌生人分享自己的心情或快乐这种做法，受访者S9认为这种行为"很奇怪"。多数人仍希望与自己的熟人分享心情、快乐这类具有个人情感色彩的内容。弱关系平台则很大程度上受与社会相关的动机影响，如防止别人使用不好的产品或帮助别人。强、弱关系平台上分享动机的差异源于平台的内在属性。强关系网络的社交属性大于媒体属性，更看重情感联结与互动，从而与个体相关的动机匹配度高；弱关系网络则着眼于信息的有效传播，通过信息传播帮助他人在这类平台更为常见。

Okazaki等学者（2017）对Facebook和TriPAdvisor分享动机差异性的研究结果间接验证了本书观点。他们的研究表明，个人社交媒体平台的用户只有认为其成员对某个特定主题有共同兴趣才愿意发表评论，因此共享愿景会影响Facebook的知识共享但不能促进TripAdvisors的知识共享。共同兴趣是加强社会联系的前提，表明用户在Facebook这类强关系平台的主导分享动机是与个体相关的动机；而TripAdvisors这类弱关系平台则以信息传播为主,通过发布旅游信息或体验帮助别人,共享愿景被视为理所当然,否则用户不愿意参与其中。Munar和Jacobsen(2014)的研究也在一定程度上体现了这种差异,撰写网络评论的受访者更受社会相关动机影响;在Facebook或类似网站上分享旅行体验的受访者则更倾向于个体相关动机,如保持社会联系和友谊,通过互联网分享他们的形象。

需要指出的是,Wu和Pearce的研究发现,推动中国游客撰写博客最主要的是与个体相关的动机,包括自我记录分享以及享受。这可能与下列原因有关。第一,从社会文化背景看,本文所指出的动机差异是基于中国游客与西方游客的对比,而该研究的对象也是中国游客。中国人时间意识的聚敛性让其更重视对事件的记录,孔子"逝者如斯夫,不舍昼夜",庄子"白驹过隙"都指向了时间永恒而人生短暂,促使人们通过记录、分享来强化或延长旅游体验,便于日后回忆留念。第二,从媒介的发展看,博客的兴起较早,使用旅游博客记录分享体验成为很多人的选择。第三,强弱关系的划分很难有定量指标,定性存在划分不够细致的问题进而影响主导动机的差异,如本书界定在线评论、虚拟社区、博客均属于弱关系,但对这些媒介进一步细分会发现其网络关系仍有强弱之分,如在线评论弱于博客。

综上,基于现实人际关系的移动社交平台旅游分享行为在分享前因上与现有研究成果存在共通之处,但同时也有其特殊之处,属于对现有理论的验证与发展。

二、旅游分享行为实现阶段

本研究在旅游分享行为的实现阶段从舞台、表演与观众三个层面阐释了分享者如何通过分享行为在虚拟空间里构建自己的旅游体验,并得出结论——基于移动社交平台旅游分享行为所呈现的体验是真实性与修饰性的结合,且旅游者会弱化对负面体验的分享。本节针对此问题,梳理分享媒介相关研究成果进行比较研究,提取可借鉴之处以进一步完善本书的理论模型。

1.社会临场理论

(1)社会临场理论概述 社会临场理论由Short、Willams和Christie三位学者在1976年提出,是传播学技术与社会研究领域的一个重要理论。三位学者指出"社会临场感"是"对他人存在的感知",这种感知直接影响人们通过媒介技术进行交流的互动过程与结果。社会临场理论认为,交流过程中人们通过不同媒介渠道感受到的另一方的社会临场感程度是不同的,越高的社会临场感越能促进人们通过媒介进行交流与互动。而使用者对特定媒介技术在亲密度、卷入度、直接度等维度上的评价会影响他们对互动对象的临场感的感知。

(2)社会临场理论的启发 互联网与移动通信技术的使用导致了场所重叠的产生。一方面,处于家里的亲人或没有与自己同游的朋友虽然在物质场所中缺席,但他们却处于通信网络的虚拟空间中,从而让旅游者可以社会性地存在于朋友家人中。另一方面,旅游者可以通过网络上虚拟的自我痕迹与朋友家人联系,缩短了旅游者与非在场其他人的距离,给旅游者带来了更高的社会临场感。旅游分享行为事实上也是一种虚拟的与亲朋好友的联系方式。通过移动社交媒体,分享行为不再受限于传统媒体,由于传播技术的局限性,旅游者大部分是在行程结束后通过照片或赠送纪念品、当地特产等方式向熟人叙说其旅游经历或者向熟人提供有用的旅游信息。相反地,互联网以及信息通信技术的发展使得旅游体验能被即时分享,且能以各种音频和视频形式分享。在这种情况下,旅游凝视变成了共享的凝视,并且在旅游者回家之前,虚拟性在场的其他人就能给出他们对分享内容的反馈。换言之,通过移动社交媒体进行的旅游分享行为给旅游者带来了更高的社会临场感,而这种临场感是分享者与浏览者进行互动交流的心理基础，从而推动着旅游分享行为的进行以及后续影响结果的产生。

2.媒介记忆理论

（1）**媒介记忆理论概述**　媒介记忆（media memory）理论是媒介研究与记忆研究的一个交叉领域，探讨媒介如何通过扮演记忆代理角色以完成与社会其他领域的互动过程。媒介记忆指媒介保留某些信息的能力和属性，人类通过媒介将过去的事件或信息在现实中再现和还原，并以此影响人类的个人记忆、集体记忆和社会记忆（邵鹏，2014）。

根据该理论对媒介记忆与个体记忆的论述，媒介技术的发展已然使媒介成为目前人类社会中最有效的系统化的记忆手段，个体越来越依赖媒介记忆来完善个人记忆。媒介记忆也正在不断介入社会生活中，成为建构和完善社会记忆的重要途径。媒介经历了天然媒介（如岩画）、文字媒介（如甲骨文、竹简等）、印刷媒介（造纸术与印刷术）、电子媒介（收音机、电视机等）、数字媒介（以0、1组成的数字信息模式）的发展历程，相应地，媒介记忆也从最初的移动性差、记载量小发展到当今数字化时代的存储量大、传播速度快、轻便易携带。随着网络信息技术与数字化时代的到来，个体乃至社会团体正越来越多地将自己需要保存和记忆的内容发布到媒介空间，实现记忆"外包"。媒介记忆成为个人记忆的延伸。

（2）**媒介记忆理论的启发**　就分享行为而言，通过移动社交媒体的旅游分享行为事实上也实现了对个体记忆的外包，是个体对旅游地印象、体验情况等综合记忆的时空延伸。不同于以往的媒介信息，数字媒介给个体提供了选择记忆的机会，人们可以自由地选择所要储藏的记忆，也可以自由提取所需要的记忆。随着移动互联网与移动终端设备的广泛普及，人们能够随时随地选择自己喜欢的旅游体验内容以多种形式（文字、图像、视频等）通过移动设备上传到媒介空间，这些包含着旅游体验的媒介记忆能够随时随地被提取与使用，极大地弥补了人类个体记忆的局限性。可以说，数字化媒体、网络技术等信息技术的发展让媒介记忆愈发成为个人记忆的延伸，媒介记忆与个体记忆之间的关系愈发紧密。正如不少受访者的分享动机是记录、回忆、留念，这一动机的实现事实上依赖于媒介记忆的永久保存性以及随时可调用性，特别是移动社交平台的旅游分享由于其携带便利性更能达成这种分享动机。正如受访者S55所提及的，她会将旅游照片上传到QQ空间以便于永久保存。

3.拟态环境理论

（1）拟态环境理论概述　　拟态环境理论由美国新闻学者沃尔特·李普曼提出，他在1992年出版的《舆论学》一书中对舆论传播现象做了系统梳理与探讨，提出了社会舆论的核心概念——拟态环境，以此揭示大众传播媒介的隐性功能。根据李普曼的观点，在大众传播极为发达的现代社会，存在着三种"现实"。其一，实际存在着的不以人的主观意志为转移的"客观现实"；其二，传播媒介经过有选择地加工后提示的"象征性现实"，即拟态环境；其三，存在于个体意识中的关于外部世界的图像，即"主观现实"。拟态环境即信息环境，它不是现实环境的"镜子"式再现，而是经过传播媒介选择加工的，重新加以结构化后向人们提示的环境（郭庆光，1999）。拟态环境是基于现实环境的重构，或多或少与现实环境存在偏离，从而成为一种"拟态"的现实。大众媒体是现实世界里某个事件与个体对该事件的想象之间的主要连接物；媒体创造了我们头脑中的象征性的想象，而这些想象有可能与我们经历的"外在"世界完全不同（段鹏，2006）。

（2）拟态环境理论的启发　　虽然拟态环境理论是基于大众媒体传播进行的，与如今人人是自媒体的媒介时代有些偏差，但其拟态现实的基本思想仍具有较高的适用性。区别在于以前的拟态环境由个别精英人物掌控，而新新媒体时代的拟态环境则是人人都可以进行构建。正如拟态环境理论所指出的，通过媒介所构建的"现实"与客观现实存在着一定的偏差，并不是客观复制，完全"真"的客观现实。这与本研究提取出的通过移动社交平台构建的旅游体验是真实与修饰交织的观点相吻合，本书的观点在某种程度上是对这个理论的验证。

根据拟态环境理论，大众传播所形成的信息环境比起客观环境更能对个体的认知、行为产生制约性影响。并且，这种拟态环境不仅制约着个体的认知行为，还能通过制约人的认知行为进而对客观环境产生影响。从这一点看，通过分享行为构建的旅游体验比起旅游地实际的体验情况更能对分享者与浏览者产生影响。对分享者而言，根据艾宾浩斯遗忘曲线❶，人的记忆时间是有限的，不管当时体验情况是否美好，时间一长人们对旅游地的记忆事实上只剩下个别片段或图景，甚至完全不记得。在这种情况下，通过旅游分享行为的体验建构即使是拟态式的，但由于其保存时间的延续性与空间的永恒性让个体能通过浏览当时的分享而重新获得对当地的认识，形成回忆体验。但这种认识很可能受当时分享内容的制约，不一定来自客观现实。对浏览者而言，他们通过浏览别人的旅游分享获得对旅游地的初始印象或特定印象，但这种影响是基于分享者所加工选择过的现实，是符号罩下的现实，并非完全"真实"的旅游地。比起真实的旅游地，浏览者从别人的分享获得的信息对他们来说更具影响力，并形成旅游口碑传播，进而对浏览者的旅游行为决策产生相应影响。

此外，如前文所讨论的，由于符号罩的存在以及在熟人圈里分享负

---

❶ 艾宾浩斯是第一位对记忆遗忘现象进行定量实验研究的心理学家，他的研究考察了人类记忆"储藏室"的可靠程度与运作规律。他的研究表明仅就无意义的音节序列而言，人类的记忆会在记忆以后迅速遗忘，并且大部分个体在记忆后不久就会遗忘，刚刚记忆的70%以上将被遗忘。虽然艾宾浩斯的研究仅仅针对无意义的材料，但是遗忘显然是个体记忆的常态。

面信息具有一定心理成本，借由旅游分享形成的口碑传播通常以正面积极为主。这也体现了强关系移动社交平台旅游分享的特殊性。弱关系网络向来被视为旅游负面口碑的重要传播渠道，发泄不满也成为主要分享动机（Yoo & Gretzel，2011；Goncalves & Silva，2018），如表达对负面体验的愤怒或帮助自己克服负面感受等。而在本研究中，表明会分享消极体验的受访者并不多，即使分享也会弱化消极情绪，以不明显的方式陈述。溯其缘由，与移动社交平台强关系网络即时分享互动的特点有关。与匿名性的弱关系网络负面口碑传播少有心理成本不同，熟人圈的负面信息分享隐含着一定的心理成本。体现在四方面：其一，希望向大家展示自己好的一面；其二，顾及朋友感受，避免分享负面信息传递负能量；其三，希望以后翻看分享内容时获得的是积极情绪；其四，不希望分享负面信息破坏当时的旅游心情。但这并不表示负面口碑传播不存在，相反的，这种负面口碑相当于熟人之间的口口相传，应引起旅游目的地与旅游企业的重视。

三、旅游分享行为结果阶段

通过扎根理论本研究提炼出旅游分享行为结果中的两种影响。其一，对分享者本身的影响，主要是对其体验的强化作用，强化路径包括分享前准备、分享中表达与分享后互动三种。其二，对浏览者的影响，包括唤起旅游欲望、了解旅游地信息以及影响行为决策三个方面。下文将通过与相关研究的对比进一步完善本研究的理论模型。

（一）用户生成内容相关研究的比较与启发

1.用户生成内容的信息价值研究成果

第二章已经对用户生成内容的信息价值做了较为详细的梳理，此外，不少学者还对不同口碑渠道的信任度进行了对比研究。Mack等（2008）的研究发现不同类型沟通渠道的可信度受个人变量与媒体类型影响，博客的可信度不如传统口碑，相较于弱关系连接的博客，消费者更倾向于接受强关系带来的口碑。Burgesss（2009）的调查则发现旅游者对不同来源的在线旅游信息的信任程度是不同的，旅游者更信任发布在专门旅游网站上旅游者的在线评论而不是普通的社会网络站点。Bronner 和 de hoog（2012）对比研究了消费者生产内容的网站和营销者控制的网站，研究表明当消费者面临决策时，会更多使用消费者贡献内容的网站，而进行搜寻产品决策时，他们会使用营销者控制的网站。林巧和戴维奇（2008）则认为影响目的地网络口碑信任度的因素包括传播者的专业性、传播者与接受者的相似性、背景因素、传播者与接收者的互动因素。

从现有文献的研究成果可以总结出两点：其一，比起带有宣传偏向的门户网站或营销者控制的网站，旅游者的网络口碑/用户生成内容更受潜在旅游者的信任。这种类型的口碑更容易对旅游者的行为决策产生影响。其二，比起弱关系的网络口碑，来自强关系的亲朋好友的口碑更易被接受。个体更相信来自强关系的口碑传播，来自亲人朋友的口碑对决策行为有重要影响。

2.用户生成内容的影响研究成果

从现有研究成果看，旅游分享内容对潜在旅游者的影响主要表现在两个方面。一是对潜在旅游者的信息搜寻行为产生影响，诸如旅游博客、在线评论等旅游者生成内容成为潜在旅游者搜寻相关信息的重要且可靠的来源渠道。二是对旅游者行为决策产生影响，包括对住宿决策、旅游目的地选择、旅行意愿等方面的影响。

就分享内容对旅游目的地/旅游企业的影响而言主要表现在两个方面：其一，旅游者分享内容给旅游目的地/旅游企业的营销带来了好处，是企业管理者评估销售状况、服务质量的有效方法之一。其二，旅游者的分享内容能对旅游企业的营销真实性起监管作用。因此旅游分享对旅游目的地或旅游企业而言，既是机遇也是挑战。

3.已有研究成果比较与启发

首先，本研究通过扎根理论提炼出旅游分享行为对浏览者的三种影响，包括引发旅游欲望、了解旅游地信息以及影响行为决策三个方面。这与现有研究旅游分享内容对潜在旅游者的影响研究成果具有一致性，因此在这一部分本研究是对现有理论的一种验证。

其次，根据现有研究成果，基于现实人际关系的移动社交平台的旅游分享其可信度比起其他弱关系网络的分享更高。这种社交网络成员之间的信任已经在现实生活中有了一定的发展，因此不管是旅游正面口碑的分享还是旅游负面口碑的传播，其影响力较之其他网络平台是更为显著的。并且，移动社交平台的分享比起传统口碑传播，在传播范围上更具优势，其受众更多。结合移动社交平台的网络空间拓展性与熟人圈强关系链的优势，这种类型的旅游分享在口碑传播上的效力更为强大。正如文献研究指出的，用户生成内容不仅会对潜在旅游者的决策行为产生影响，也会对旅游目的地、旅游企业的营销管理产生影响。移动社交平台的旅游分享也是如此，虽然多数分享者倾向分享正面信息甚至美化旅游体验，但熟人圈强关系链的优势让受众对移动社交媒体的信任度比弱关系网络更高，给旅游目的地或旅游企业带来了更大的挑战。此外，由于移动社交媒体的私人性质，这种口碑传播在空间拓展上虽不如弱关系网络，但更难被旅游目的地与旅游企业所识别与引导。如何针对这种挑战做出更好的应对将在后文部分阐述。仅就现有研究的启发与对本研究理论的完善而言，旅游分享不仅对潜在旅游者产生影响，同时也对旅游目的地与旅游企业产生了影响，因此将这部分内容作为分享结果的影响之一，纳入分享行为动态过程模型中。

（二）旅游体验相关研究的比较与启发

旅游体验相关研究的比较主要体现在分享媒介带来的体验差异。本研究通过扎根理论得出旅游分享行为会对分享者的体验产生强化作用。目前学术界还很少关注分享行为对体验的影响，但有一些学者探讨了媒介对体验的影响作用。分享媒介不仅以其特性推动旅游分享行为的进行，同时也会对分享者的旅游体验产生一定影响。分享媒介，特别是包括即时通信工具在内的社交媒体以及信息技术对旅游体验有着不小的影响。Tussyadiah 和 Fesenmaier（2009）认为具有多媒体特征的新媒体的出现造就了一系列新的旅游体验介质。他们的研究探讨了网络旅游视频对旅游体验的中介作用，结果表明，网络分享视频能通过激发幻想与梦想给观看者带来精神愉悦，同时也能让旅游者回忆起旅游经历。随着信息技术的发展，旅游者的体验正在越来越多地被纳入其中，移动技术越来越多地调整着旅游体验。比如，信息技术正在代替人们的解说服务，以一种让旅游者更好地与旅游目的地进行互动与联系的方式发挥着作用。Kang 和 Gretzel（2012）研究了声音导览对旅游体验的影响，结果表明声音导览通过提高感知社会在场与专注性而增强旅游者体验以及环境适应性。此外，国内学者郭艳华（2011）讨论了基于信息依赖的旅游体验增强技术，刁志波（2012）则阐述了信息技术与旅游体验的依存关系，通过对旅游体验的期望、现场体验以及回忆三个阶段的划分，分析了信息技术对旅游体验实现路径的影响。

尽管有不少学者探讨了媒介技术对旅游体验的作用，但对弱关系网络及非移动端旅游分享的影响研究仅有少数探讨了旅行后分享旅游经历对个体事后体验的影响（Tussyadiah & Fesenmaier，2009；Kim & Fesenmaier，2017）。特别是分享媒介的非移动性让大部分旅游者只能在旅游行程结束后分享体验，这类事后分享无法对旅行途中的体验产生影响。本研究立足于强关系链、移动性进而分享互动实时性的移动社交平台，通过扎根得出了分享行为对旅游体验的正向强化作用不仅局限于旅行后体验，更可以在旅途中通过分享促成自我认知升华以及与他人互动从而提升旅行中的体验水平。正是基于分享媒介的互动即时性与强关系链的情感联结，赋予了旅行中体验提升的可能性。这也进一步验证了相关学者对智能手机调节旅游体验水平的作用研究（Wang, Park & Fesenmaier, 2012; Kirova & Thanh, 2019）。此外，本文也指出分享内容和分享动机制约了这种调节作用，这与Tan（2017）的研究结果相似，旅游分享可能只是因为无聊需要打发时间，不会对体验产生影响。

对比来看，本研究通过扎根理论得到旅游分享行为对分享者的认知体验、情感体验、回忆体验具有强化作用的理论观点。已有研究虽然对这方面的讨论较少，但从分享媒介的角度看，本研究观点成立的前提之一是移动社交平台分享带来的互动性。因此本研究与现有研究既有衔接之处，同时也是对现有研究的一种拓展与补充，这也是本研究的贡献所在。

四、旅游分享行为理论模型修正

（一）理论模型修正要点总结

前文对旅游分享行为的相关理论与文献成果进行了综述与比较并从中获得对本研究的启发。根据扎根理论研究的基本思想，一方面，研究者需要将通过经验数据建构的实质性理论与现有理论进行对比并揭示其联系点与传承性；另一方面，通过对现有理论的梳理，进一步完善扎根理论所构建的理论或模型。基于此，对上述文献比较以及从中获得的启发进行总结如下：

1.体验的时间延续与空间拓展

通过移动社交平台的分享行为给分享者旅游体验的时间延续与空间

拓展提供了可能性。诚如谢彦君教授（2006）所言，"从时间和空间的角度来说，这个世界有一个明确的起点，也有一个可期望的终点和回归点。它的起点是旅游者动身旅行的时间和地点，而它的回归点则是在时间上延迟了的同一个空间位置。由这个起点和终点所包裹的完整的时空连续体，构成了旅游世界的外壳"。而通过网络媒介的分享，这个旅游世界在时空上是被拓展了的。并且，这种通过旅游分享而呈现出来的体验并非是客观现实的复制，而是根据分享者的主观意愿交织着真实与修饰。这种交织着真实与修饰的体验会在某种程度上制约分享者与浏览者对旅游地的认知乃至影响浏览者的旅游行为决策。

2.旅游网络口碑传播效果与旅游目的地/旅游企业

结合移动社交平台的网络空间拓展性与熟人圈强关系链的优势，通过移动社交平台的旅游分享在口碑传播上具有很强的影响力，因此这种类型的旅游分享对旅游目的地、旅游企业的运营管理与销售效果具备相当的影响力。将此部分内容作为分享结果的影响之一，纳入分享行为动态过程模型中。

（二）理论模型修正

结合上述文献比较研究的总结，本书重新构建旅游分享行为的动态过程模型，并就模型的相关内容进行阐释。

图6-2是本研究结合扎根理论研究结果与文献比较研究结果所构建的旅游分享行为动态过程理论模型。该模型包括：

三个阶段：修正后的理论模型同样包括三个阶段，即旅游分享行为前因阶段、旅游分享行为实现阶段与旅游分享行为结果阶段。

两个主体：旅游分享行为涉及两个主体，即旅游体验分享者与浏览者。在不同的旅游分享中，个体的身份在分享者与浏览者之间转换。

三类行为影响：旅游分享行为不仅会对分享者与浏览者产生影响，

由该行为引发的口碑传播同样会对旅游目的地/旅游企业的发展产生影响，包括对其运营管理、产品销售、营销策略等的影响。

一个动态过程：即从当次分享进入下次分享的过程。旅游分享行为前因阶段，分享者在综合评估个体因素与外部环境因素的情况下决定进行旅游分享，从而进入分享的实现阶段。实现阶段的分享时段与分享平台受前因阶段的外部环境因素影响，如网络状况、分享设备状态、有无时间等。进入实现阶段后，基于现实人际关系的移动社交平台分享，不仅促成了旅游体验的时间延续与空间拓展，同时也拓宽了旅游口碑传播的空间范围。并且由于熟人圈所内嵌的信任度、归属感使得这种口碑传

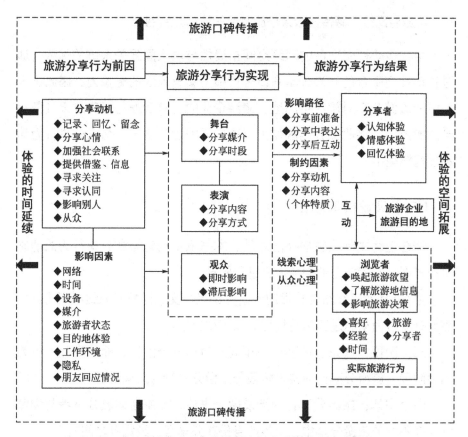

图 6-2 移动社交平台旅游分享行为动态过程理论模型

播比起匿名性的网络传播更具效力，进而对旅游目的地、旅游企业的营销产生了极大的挑战。本文以虚线代表体验与口碑传播的时空拓展性。

　　实现阶段的分享者与浏览者互动给两个行为主体带来了相应的影响，从而将分享行为推入第三阶段，即分享行为结果阶段。在结果阶段，分享对旅游者的体验强化作用受分享动机、分享内容制约。对浏览者而言，符号罩作用下的旅游分享能够引发浏览者的旅游欲望、为其提供了解当地情况的渠道并对其行为决策产生影响。这种影响是否能够转化为实际旅游行为受制于特定因素，如浏览者的喜好、经验、时间、与分享者的关系、有无旅伴等。对旅游目的地或旅游企业而言，分享者的内容可能是对他们的正面宣传，也可能是对其负面信息的传播，从而影响了浏览者对目的地与旅游企业的态度与具体行为决策。此外，如果分享者在结果阶段获得的分享满足感高（如朋友积极回应）则会促进其下一次的分享，从而实现旅游分享行为的动态循环。

第七章

分享中体验升华与真实性反思

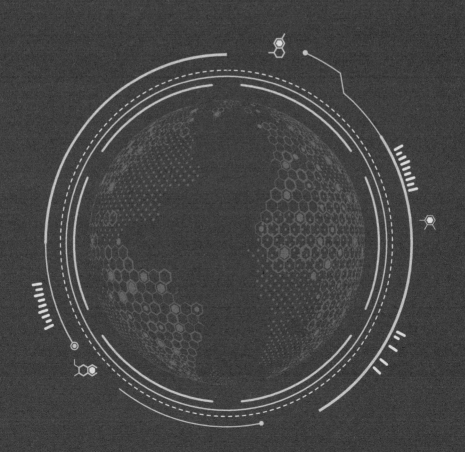

第一节
呈现上的升华：切换、归档与在场

一、旅游体验的界面跨越：切换

本书的界面指的是旅游世界与生活世界的界面。旅游世界和生活世界是本节的两个重要范畴，谢彦君教授首次将这两个概念引入旅游研究领域。谢彦君、谢中田（2006）在讨论了胡塞尔与舒茨的"生活世界"❶概念后，对这个概念进行了外延上的修正，其所指的"生活世界"是相对于旅游世界的日常生活世界。并且为了方便起见，将日常生活世界简化为"生活世界"，而旅游世界则是一个有别于人们日常生活世界的另类行为环境。他们认为旅游现象是一种纷繁复杂的社会经济现象，构成这种复杂现象的内核元素即旅游体验。这种旅游体验过程是一个有一定自组织能力的连续系统，由富有特色和专门意义的情境串联组合而成的，这些情境即构成了所谓的旅游世界。龙江智、卢昌崇（2010）则进一步指出，生活世界与旅游世界的跨越实际上是心境上的跨越。他们认为旅游世界的生成在于主体视角的转换。因为旅游者用另一种视角看待他者的"生活世界"，所以他者眼中的"生活世界"才获取了"旅游世界"的

---

❶ 在胡塞尔和舒茨那里，他们都是将生活世界定义为与人相联系的一切活动现象的总和。或者说，生活世界是"一个人在其自己所居住的世界的各种直接参与活动的总和"。这个生活世界的主体同时也包含着空间体验、地点体验、现象体验和审美体验（自然的和文化的）。摘自谢彦君、谢中田.现象世界的旅游体验——旅游世界与生活世界[J].旅游学刊.2006，21（4）：13-18。

地位。这种视角的转换本质上是心境的转换,旅游世界为心境的转换提供了外部空间与条件。

值得一提的是,谢彦君与龙江智等人都提及了生活世界与旅游世界的重叠部分,谢彦君、谢中田(2006)指出"生活世界包含了构成潜在旅游者日常生活的所有事件的综合,但唯独不包含,或充其量仅仅局部地包含或重叠于旅游世界的事件"。而龙江智和卢昌崇(2010)则对此交叉部分进行了更详细的描述"实质上,生活世界和旅游世界既是相互分离、又是不可分离的两个世界。对于个体而言,当他以'旅游者'的身份脱离了日常生活的边界,他确实进入了自己的'旅游世界'。在这种意义上,生活世界和旅游世界是完全分离的。但无论个体如何脱离,总是落脚在他者的'生活世界'。对于人类群体来说,其实只有一个生活世界,不存在旅游世界。因此,个体的旅游世界总是与他者生活世界存在重叠和交叉。换言之,'旅游世界'是对个体'生活世界'的逃逸,但却是对群体'生活世界'的重叠。既脱离了生活世界,又没有脱离生活世界。旅游世界仅仅是旅游视角下'他者的生活世界'"。不难发现,他们对两个世界重叠部分的关注更多的是来自对生活世界概念的内涵与外延界定。谢彦君教授认为生活世界局部地重叠于旅游世界,而龙江智和卢昌崇(2010)则更为开放性地将旅游世界理解成是另一个生活世界——他者的生活世界;也就是说,旅游世界的存在仅仅是因为旅游者视角的转换,心境的跨越。

延续他们的研究成果,本书认同视角的转换或心境的跨越是生活世界与旅游世界相对而存在的前提,也是本节观点的前提条件。并且,通过网络与媒介进行的分享至少在呈现方式上为旅游者的体验过程,特别是生活世界与旅游世界交织的体验过程,提供了很好的跨越平台,本书将之称为"切换"。换言之,生活世界与旅游世界对正在进行旅游活动的旅游者来说事实上是两个建立在心境基础上的节目频道,境随心转,心境不同,即使旅游者仍身处旅游世界频道,但情感上已然切换到生活世界频道。分享媒介,或者说体验分享这一行为则为这种切换提供了一个虚拟遥控器。通过这个遥控器,旅游者所呈现出来的体验可以便捷地在生活世界与旅游世界中进行切换。确切地说,观众能够一目了然地捕捉到旅游者心境的跨越,明白旅游者在体验过程中如何在生活世界与旅游世界中进行切换,从而在体验过程中完成两个世界界面的跨越。需要申明的是,这种切换特指从旅游世界切换进生活世界,而不是双向的切换过程。这个切换过程发生的时候旅游者是一直处于旅游世界的,因而,观众通过分享所看到的表演都是默认发生在旅游世界里的,从而不存在从生活世界切换到旅游世界(除了在序幕阶段旅游者从生活世界进入旅游世界,但这不属于本节的讨论范围,本节关注的是已然进入剧情开展阶段的旅游体验过程)。具体而言,这种切换包括两个方面:旅游者对旅游世界事物的情感切换以及旅游者生活世界的情感切换。

(1)**旅游者对旅游世界事物的情感切换** 这一点主要指,在对旅游世界的探索中,旅游者总是会不自觉将此时在旅游世界所接触的事物与彼时在生活世界所经验到的事物相联系,并通过所接触的新鲜事物快速地切换到,或者说联想到生活世界里的经验或事件。正如自我图式理论所表明的,人们总是更容易启用与自我或"我们"相关的信息。当生活世界的经验或事件成为旅游者自我图式的一部分时,联想就变得容易,切换也就顺理成章。

受访者S16与S55在满足于旅游世界美食享受的同时,也由对美食的向往切换到了生活世界里美食的缺失。当她们身处旅游世界感官上被美食占据的同时,情感上已然回到了经验的生活世界里,并在旅游世界与生活世界交织的虚拟空间里向观众呈现了自己的美食体验。

"吃得昏天暗地……😭😭😭想不出若干天以后回到厦门没有的吃怎么过日子……😂😂😂"(S16)

"晚饭去找云南的过桥米线,据说蒙自的过桥米线最好吃,

找了一家老店，味道果然不错呢！太好吃了，相比之下家里的过桥米线没法吃了，又有点矫情不！"（S55）

类似地，在访谈中受访者S38提及自己小时候爸爸给自己买了熊猫公仔当礼物，并表示了自己对那只熊猫公仔已经丢失的遗憾，因此在游玩时自己买了一只熊猫公仔当作一种纪念。从她的分享资料中也可以看出，当在旅游世界里看到熊猫公仔时，旅游分享者自然想起了自己曾经拥有的且蕴含父爱的熊猫公仔，并在分享中将这种从旅游世界到生活世界的切换呈现了出来。

"长隆野生动物园不愧是亚洲最大的公园，我最爱的🐼，憨厚可爱地抱着树睡觉。给自己买了一只大熊猫当礼物，小时候老爸去北京给我买的第一只公仔，就是熊猫……难怪长大了的自己也越来越像大熊猫。"（S38）

受访者S1通过旅游世界里的娱乐活动项目体会到了自身游泳技能的缺失，进而将视角切换到了生活世界，并表示回到生活世界后要苦练游泳。

"旱鸭子浮潜，吃的是海水，决心回厦门后，苦练游泳😊！"（S1）

（2）旅游者生活世界的情感切换　这一点主要是指通过分享媒介，身处旅游世界的旅游者能在情感上与生活世界的亲朋好友进行联结，并实现与生活世界的情感交流，从而在情感上从旅游世界中切换到生活世界里。在体验分享动机的讨论章节中，已经论述了加强社会联系是分享的重要动机之一，通过互联网技术与移动技术的旅游体验分享能够强化社会联系，有利于维持社会关系。旅游者通过在分享中与生活世界的社交圈子进行互动保持联系，进而在旅游世界中嵌入这样一种新的人际互动的关系网络，旅游者可以在虚拟空间里随时从旅游世界切换到生活世界，并与生活世界进行情感交流。这里称这种网络上的人际互动为旅游世界的一种新的关系网络，主要出于这样的考虑：在既有的研究成果中，几乎都主张旅游世界的交往关系包括旅游者与东道主的互动关系、旅游者之间的互动关系、旅游者与旅游经营者之间的互动关系，鲜少有学者考虑通过分享带来的人际互动。然而随着旅游体验分享日益成为一种习惯，其对旅游体验的重要性必然会被越来越多的研究者看到。因此，本书认为不妨考虑将这种互动关系视为一种广泛意义上的旅游交往关系，乃至视为旅游体验的一个组成部分。这部分是下文反思章节所要探讨的内容，此处不予赘述，仅从分享资料的摘录中描述旅游者如何在分享中实现旅游世界与生活世界的切换。

从下列摘录可以看出，受访者S55主要是通过分享与她的父亲交流母亲的旅行状态，从而与生活世界的亲人实现情感交流，从旅游世界的体验中切换进生活世界。受访者S16则从刷屏的角度与朋友进行互动，而受访者S43是通过有奖竞猜的方式来实现与朋友的情感交流。不管是哪一种方式，都让旅游者在旅游世界进行游览活动的同时，情感上仍与生活世界联系在一起。

"高速塞车，走到山路，但是也看了好多当地的东西，漫山的麦瓜，一段一村落，山路很长学校也很少，孩子上学真不容易，中午就在这里吃团餐，还不错！老爸放心吧，俺娘妥妥的😁"（S55）

"逗比照的幕后花絮，笑死了😂😂😂顺便问下，这伙人的共同朋友们，这几天被我们的朋友圈刷吐了木有，哈哈哈哈"（S16）

"趁别人去买翡翠的时间，我们跑去逛逛附近的小镇，天然无'美图'，色彩好美！图7，看影子猜人，猜对有奖～😁😁😁"（S43）

总而言之，虚拟空间上的互动给生活世界与旅游世界的界面重叠与切换提供了平台。在此，需要明确的是，体验分享之所以能发挥这个作用，主要基于两个前提。首先，微信、QQ等移动分享媒介给旅游体验的碎片化表达提供了极佳的平台。通过这些媒介，旅游者可以随时随地通过图片或简短文字展示其在旅游过程中的所见所闻所思所感。也就是说，通过这些媒介所进行的分享不少是旅游者即时心情、感受的体现，因而能够通过分享表达并呈现出两个世界的切换，事实上这也是旅游者虚拟空间在场的一种体现。其次，这些分享媒介为生活世界的临场提供了平台。通过互动，分享者知道其他人与自己同在。这两点前提也是下文即将进行探讨的内容。

在这一节中我们讨论了通过网络媒介进行的分享所带来的生活世界与旅游世界的跨越与切换是体验呈现上的一种升华，这种升华是相对于普通分享而言的。如在新媒体出现前，旅游者只能在旅游行程结束回到家中与小部分朋友圈进行口头分享，这种分享无法实现两个世界界面的切换；或者在有了博客以后，旅游者会集中一段时间进行旅游博客的更新，然而博客所针对的对象不一定是生活世界里现实的人际关系网络，因而也不具备这么强烈的切换感。在下面两节，将进一步从时间存档与空间在场的视角来探讨体验呈现上的另外两种升华。这两部分内容在前文体验呈现的舞台部分已稍有描述，下文将在之前的基础上进行更为深入的刻画。

二、旅游体验的时间延续：归档

正如在分享动机中所描述的，记录、回忆、留念是旅游者进行体验分享的重要初衷，提及此初衷的受访者人数最多。不少受访者认为通过网络媒介的分享能让他们将旅游的美好时光永久地保留在虚拟空间中，以待日后回忆（如下列摘录所述）。从这个意义上看，分享中的旅游体验事实上实现了时间上的延续性,不再仅仅局限于旅游过程前、中、后的一小段时间里。分享媒介极大地扩展了体验的时间长度,确切地说是体验保存的时间长度。旅游者可以通过翻看这些分享进而重温当时的快乐,从而实现旅游体验的时间延续。

"因为我发了就会一直留在我的朋友圈里,我看到了的话就会想起当时的感受,像那种我当时没有发的没有记录的可能过了很久我就忘了。"(S20)

"看到这张照会想到当时自己去那边玩是什么样子,肯定会重温一下,虽然说不能整个过程重温一下,但是你肯定看到也会稍微去想一下。即使忘记了我下面也有记录啊,当时的心情我还是可以想起来的。我还是觉得记录比分享更重要,记录其实就是一个回忆嘛,你以后的回忆。"(S38)

"留个痕迹,像记流水账。类似时间轴。因为微信上是有时间的啊,哪月哪日哪年,配上分享,我就知道自己每年各个时候去了哪儿。"(S26)

英国学者Couldry(2014)使用"归档"一词描述这种现象。归档原意指将处理完毕且具有保存价值的事情或文件经系统整理后交档案室(馆)保存备案(备查)的过程。资料归档后可方便人们使用与查阅。过去,由于从档案室里获取历史久远的信息难度很大,因此每一时间段的信息基本只能存在于那一时间段。如今,随着互联网成为人们日常生活中的必需品,人们的信息流被彻底改变。我们的身边有着越来越多的开放且繁杂的信息库,每个个体都可以通过互联网获得过去的信息,似乎所有的信息都可以轻易地被获取。而面对如此大量的信息,如何管理这些信息流的痕迹使之成为有意义的东西,乃至成为个体可以把握的历史是极其重要的。如何去管理?"归档"作为一种时间管理的习惯成为了解决问题的办法。

当然Couldry使用的已不是原始词义上的归档，而是指如今互联网上各种档案的控制管理方式。如国外的"保存人生印记"（life-catching）的举措，即人生档案的控制管理，或Facebook的时间线（timeline）应用专栏。对于国内使用者来说，目前最为常用的当属微信、QQ等，这也是本文受访者体验分享最常使用的媒介。通过将旅游体验记录并归档进这些媒介所提供的时间轴里，旅游体验在时间上获得了永久延续的可能性，并且这种延续是以一种整合性的方式进行的。正如Christensen和Ropke（2010）所指出的，摄影正在成为莎茨基所谓的"整合性习惯做法"，这是将个人记忆、集体纽带和社群的历史生产结合为一体的社会演进方式。而在分享中保存照片事实上是将这种演进方式再向前推进一步，不仅通过摄影整合了个人记忆、集体纽带、社群历史生产方式，还将这种整合通过分享保存在了延续的时间轴上。

三、旅游体验的空间拓展：在场

通过在网络媒介上分享旅游体验，不仅能够实现时间上的延续，同时也能为旅游体验的呈现拓展空间。这种拓展表现在两个方面。其一，单纯地理空间上的拓展，这是最基本的。影响旅游者的一个社会转变是从所谓的"地方空间"转变成"流动空间"。换言之，人类的生活和互动正更少地关注地理空间，而是被"网络社会"所概述。对于旅游体验的呈现同样如此。网络社会让体验分享不仅仅是停留在面对面的互动中，同时也在一个更广阔的虚拟平台上崭露锋芒。各种网络媒介的存在极大地拓展了旅游体验的呈现空间。如Lo等人（2011）所指出的，关系建立可以从两个层面进行：一方面，与同行游客可以通过记录共同的体验而形成更深的联系；另一方面，通过分享照片也能加强与非同行的其他朋友之间的联系。过去旅游者只能与一小部分相交较深的观众分享旅游照片，并口头解释每张照片的内容，而随着各种照片分享媒体的兴起，从即时信息到各种Web2.0媒体（如网络相册、个人博客、旅游博客、社交网络平台等），分享照片不再仅仅局限于一小方天地，而是通过这些媒介极大地扩展至公共空间领域。由此，旅游者将他们的潜在观众从传统的家庭成员和朋友拓展到了新的、地域上分散的其他人。

其二，通过体验分享带来的个体"在场"的拓展。与时间的归档相对应，"在场"一词描述了个体在公共空间维持存在的需求与现状。正如前文所述，在场是指旅游者将与自己相关的信息放进信息流里，以维持自己的公众存在，并获得存在感。在场的主要目的是展示自己，尤其是通过社交网站和互联网的"在场"为个体展示自己提供了舞台。旅游者通过在网络媒介上分享自己的旅游体验从而在虚拟的公共空间里实现"在场"，分享动机里的寻求关注，事实上是分享者寻求存在感的一种间接表现，期望让别人关注自己，看见自己的存在。公共空间里的其他人则通过对分享内容的浏览、评价完成"临场"的动作，给分享者带来社会临场感，让分享者感觉是与朋友一起进行旅游。正如受访者S1在访谈中所说的，他认为无法一起旅行的朋友看了自己的分享以后会跟着他的线路在走；受访者S9同样提及朋友的点赞或留言会让他觉得好像朋友在一起观看同样的风景；受访者S55也表示自己的朋友喜欢跟着她的分享去旅游，甚至朋友会在分享结束以后觉得无聊。

"他们（别人）由于种种原因没办法一起旅行，他们看了我们的微信，看了我们的分享以后会跟着我们的线路在走，感觉就像设身处地自己在游玩一样。"（S1）

"就比如说你一个人去玩，你发一些东西，如果朋友给你点赞或者朋友给你留言，你会觉得好像朋友也在跟你观看同样的风景。"（S9）

"我出去旅游，朋友都在跟着我的微信圈，每天看照片和感受都成了她们生活中的必有事情,回来以后没再发了,都会私下跟我说突然觉得很无聊,都喜欢跟我的照片去旅游,虽然只是眼睛上的享受。"(S55)

"就是说我在欣赏这些景点的时候我还在带别人欣赏,就是不光我一个人在欣赏,其他我身边的朋友都在欣赏,因为我发照片上去,大家都很认可,那我就会感觉是大家在一起欣赏这个东西。"(S6)

第二节
情感上的升华:记录、互动与回忆

一、情感记录带来的升华

从心理学的角度看,个体了解自己的目标、感觉、思想,是自我觉知的一种体现,有益于个体的生理、心理健康。语言则是个体转变自我觉知的媒介,通过口头讲述或书面记录个人情感、事件等方式,个体能够更加了解自己。讲述或记录个人情感、事件事实上就是一种自我表露的体现。自我表露最先由人文主义心理学家Jourard（1971）提出,他在《透明的自我》一书中将自我表露定义为"告诉另外一个人关于自己的信息,真诚地与他人分享自己个人的、私密的想法与感觉的过程"。Delerga和Margulis（1983）把自我表露分为两种类型：描述性自我表露和评价性自我表露。前者主要指对事实信息的表露,包括个人的思想、经历等；后者指个人对自己的感受、评价或判断的自我表露,包括自我评价、内心感受等。研究表明自我表露具有重要的社会功能,如增进个体的自我认识、促进个体与他人关系的建立和发展等。从受访者的分享资料来看，不少受访者充分运用了自我表露，向别人呈现自己，在这种表露中进一步加深对自己的认识。并且在自我表露中通过交往互动促进了个体与他人关系的发展，即下文情感互动部分将要讨论的内容。

旅游在某种程度上是一种发现自我、认识自我、改善自我的旅程，正如Haggard和Williams（1992）所指出的，旅游提供了身份确认的理想情境，在无约束的旅游情境中，游客从周围的环境中寻求理解自己的体验，维持自我协调和对自我的正面感觉，从而帮助游客改善自我的概念。而通过分享的自我表露能够进一步强化对自我的认识。Jourard（1971）认为不表露者无法全面地认识和了解自己，不仅他人无法了解他的需要和感受，他自己也无法知道自己真正的需要和感受。通过自我表露，在向对方表露自己的观点、想法、态度和感受的同时会使自己感到明了，从而获得自我澄清。因此通过自我表露个体可对自己有新的更深入的认识。如受访者S33表示虽然旅行花费不菲，但至少他已"经历"。换言之，他所持的观点是"经历"与否比"值不值"更重要。受访者S13则通过分享上的情感记录，在向观众揭露一个"缺乏安全感"的自己的同时，也更加明白自己是一个"缺乏安全感的人"要不起自由。

> "这是我有生以来最大胆的一次旅行计划，花费对我来说不菲。没有值与不值，只有'经历'与'未经历'。"（S33）
>
> "以为自己是爱自由的人呢，但当我看到自己去哪儿都要背包，包里一定要放水壶、零食、围巾，甚至姜汤……才意识到什么自由，根本要不起，一切都指向安全。缺乏安全感的人有自由可言吗？"（S13）

也有受访者在分享中的情感记录里表达自己对家乡的热爱，这事实上也是分享者对自我的一种深入认识。正如谢彦君（2006）所指出的，"旅行的目的地是旅游者日常居住和工作的环境之外的地方。在这种地方的逗留，性质上总是短期的和暂时的，用不了多长时间，旅游者回家的心情就非常明显了"。通过旅游的异地暂居体会到对自己家乡的喜爱，并将这种心情表露出来，从而让大家了解自己，也进一步确认自己对家乡的眷恋之情。

"中午面对着碧海蓝天，开始了所谓的BBQ的午餐，其实偶是木有吃饱啦，这些不是偶的菜，偶想念妈咪的味道了😀😀。"（S38）

"我确定一定以及肯定，再也不在回来的时候坐动车了😈👿我爱你🌑厦门～～么么哒🌙。"（S18）

"终于抵达厦门，外面旅途再精彩也还是家好，下飞机连空气都觉得熟悉而亲切，偶尔听到的闽南语甚至都觉得是世上最美的语言，厦门，爱你，我回来了！"（S55）

此外，在情感记录的自我表露中，也包含了受访者对当地社会的思考，对自我状态的认识以及对未来的期望。

"很特别的水上市场，对于一贯中意小桥流水和美食的我来说自然是很喜欢的，只可惜现在商业化太严重，从前卖水果蔬菜最质朴的小船儿都很难找到了，这次泰国行更加深信，毁掉一处美景的最佳手段便是让它成为旅游景点。"（S10）

"远离了城市的喧嚣，远离了工作的压力，远离了人际的复杂，没有网络，没有WiFi，没有电话，只有一望无际的大海，湛蓝的海水，洁白的浪花，柔软的沙滩，五彩斑斓的海洋世界，清新的空气……，也只有宁静、慵懒、放松和放空。醉美长滩给了属于我自己的世界！"（S1）

"山水相依才敢言美景，百转千回只为遇见你。2014，匆匆。2015，冲冲～"（S7）

二、情感互动带来的升华

1.社会交往

1943年美国心理学家亚伯拉罕·马斯洛在其《人类激励理论》一文中提出需求层次理论。他将人类需求从低到高分为五种层次，分别是：生理需求、安全需求、社交需求、尊重需求与自我实现需求。社交需求即情感与归属的需要，这一需求起到联系人类本能需要（如生理、安全需要）与高级需要（自尊、自我实现需要）的中介作用。从马斯洛需求层次理论中我们能认识到社会交往、社会互动对人类的重要性。正如约翰·多恩的诗句所揭示的："没有人是一座孤岛，可以自全。每个人都是大陆的一片，整体的一部分"。社会交往是旅游体验的重要组成部分已被众多学者所讨论，并且他们将注意力主要放在旅游世界里的互动，东道主、旅游者、旅游从业人员等。不同于此，本研究所指向的情感升华仍旧是指基于现实社交关系的虚拟空间里的社会交往，以及通过分享行为这种交往所体现出来的情感升华。从旅游者的分享资料看，社会交往所体现出来的情感可分为两个方面：常规互动以及感恩祝福。

其一，常规互动，即正常的互动需求。正如前文章节所提及的，在文字描述方面有不少受访者选择与观众互动的形式来呈现旅游体验。这不仅是一种表演的方式，更体现了分享者维系人际关系，进行社会交往的需求。如受访者S54在分享中以约定节后相见的方式与小伙伴们进行交往；受访者S12则假定观众对自己所拍的照片不满意并因此表示抱歉之意（摘录中"paisei"即"不好意思"的意思）实际上也是一种"示弱"的交往方式。

"国庆节最后一餐庆祝下，明天开工大吉大利，小伙伴们明天见啦😁😁。"（S54）

"这里面就是活脱脱的干挂石材展览。怒走几公里慕名前来兰阳博物馆，却碰上闭馆一天，只好趴在落地窗上努力看清内部空间，也是蛮拼的，paisei，只能拍成这样了😔。"（S12）

其二，感恩祝福。社会交往中心怀感恩是一种值得赞许的态度。尼采认为"感恩即是灵魂上的健康"，卢梭感慨"没有感恩就没有真正的美德"，洛克则指出"感恩是精神上的一种宝藏"，鲁迅有言"感谢一切我要感谢的人"。不管是在旅游世界还是生活世界里都会遇到值得感恩的人事物，通过旅游分享这个渠道表达自己的感恩之情，是不少受访者的选择。首先，分享感恩的心情，事实上是对朋友的认同，有利于更好地维系与朋友的关系。其次，自我表露的方式有利于亲密关系的形成和发展，表达对朋友的感恩这种自我表露更是有利于个体与朋友关系的发展，获得情感支持。再者，这也是对分享者情感的一种升华，助推并强化他们的感恩精神。如下摘录所示，不少受访者在分享中表示了对身边人事物的感恩之心。

"超级开心！暖暖的太阳，海边，沙滩，兜风，美食，还拍了美美的图片……感觉回到了厦门！无论走到哪里，海永远是我的港湾！谢谢今天集驾驶员、摄影师、导游的你！"（S25）

"大家玩得很Happy，来源于你们的热情款待！"（S2）

"遇见，很美好。遇见美丽的风景，遇见可爱的人，遇见另一个自己。感谢每一次遇见。"（S30）

此外，由于访谈时间恰逢元旦佳节，不少受访者在旅游分享中传达对朋友的祝福。祝福实际上融合了交往互动与感恩之情，是对旅游者社交情感的进一步升华。

"新年快乐哟☺"（S10）

"离北京时间还差1小时5分钟跨年，提前祝大家新年快乐😁！"（S9）

"2015年的第一天，找到以恬淡表情闻名的阳陵陶俑来恭贺新年☺祝大家元旦快乐！新的一年也恬逸安适😎，神马都自然而然，一切都顺风顺水！🗿"（S20）

2. 分享价值

通过分享不仅能在社会交往上升华旅游者的情感，并且交往中的互动会让旅游者觉得自己的分享是有价值的。不少受访者在访谈中提及，如果自己的旅游分享得到朋友的回应反馈，会觉得自己的分享是有价值的。

"有互动当然是会开心，越多人跟你互动，你就会越觉得你发的这个东西是值得的。"（S3）

"别人的认可会让自己更开心吧，也觉得这个分享是值得的，会觉得挺骄傲这样吧！"（S15）

三、情感回忆带来的升华

正如第三章旅游分享行为前因讨论里所提及的，旅游分享是对个体生命历程的记录。旅游体验分享不仅仅是为了呈现给观众，同时也是对回忆的保存。旅游者体验了当地，并由此收获了各种感受与体悟。虽然旅途中的所见所闻所思所感并不一定能够完全做到"明亮了眼眸，充盈了精神,体验了生命,改变了人生",然而,也不能否认旅游中所经力的时光以及所获得的感悟是值得珍惜的;这些时光这些感悟,是个体生命轨迹中某一特殊时期、特殊事件的见证。对这些时光或感悟的回忆是对自己生命历程的一种回顾,是重温生命轨迹并从中有所学习有所得的重要方式。这个"得"可以有很多种,对现有生活状态的纾解、对过去经验的总结与学习、快乐的重温、心灵的满足、激发自己的正能量等。而这些对于旅游者而言,就是一种生命的成长与情感的升华。

如受访者认为翻看旅游分享能回忆当时的感受、心情,能重温当时的情感。

> "旅游中的分享更像是一种线索,回忆的线索。……你可能看旅游分享的时候,你看了这张照片可能就想起来当时去了哪里,当时在那个地方是什么感受。"(S20)

访谈中不少受访者认为通过分享记录旅游体验事实上是记录一个轨迹,是对自己的一种交代。通过重温这些回忆让分享者从繁重的工作压力中获得缓解,给分享者带来内心的满足。

> "有时候也是记录一个轨迹。"(S10)
>
> "会经常回顾那些记录,会觉得那里的风景很好,那种置身于异地风景在别处的感觉好好啊,不用工作。"(S5)
>
> "我觉得主要是对自己的交代,一种记录。因为以后再回来翻看的话是会有不同的感受。比如说我如果工作压力比较大,去翻看一下那些照片就会觉得原来我去过这么多地方啊,内心会有一种满足。"(S9)

受访者S31则会在分享中总结不足之处并从中学习,完善下一次的出行。受访者S53同样会从分享的感想中进行更高层次的总结。

"每次旅行中或旅行结束后的分享对我来说是对自己感受和经历的记录,没事的时候我也会回过头去看一看回忆一下……当然我也会总结自己的遗憾与不足的地方,为下一次出行做参考,所以每一次的记录对我来说都很重要。"(S31)

"比如说我甚至过一两年了,我都会把自己的以前的那些微信啊,当时的一个心情都翻出来看,我可能到那个时候,又有更高一层的总结来更改一下,也等于说这个总结可能是以后总结的一个片段。就比如说,我去黄山旅游,整个黄山旅游它是一个片段,就可能过几年,我又会把我所有旅游的一些感想,甚至一些图片拼出来,再总结一次这样子。"(S53)

此外,这种回忆也是对快乐的重温。

"我自己有时候也会回过头来翻阅,然后就会想起当时很开心。"(S12)

受访者S8则会分享积极的内容,以便在日后翻看分享时能从中获得正能量。

"现在其实都挺随性的,因为主要是给自己看的嘛,然后可能我心情挺好的就会去分享,因为我觉得生活中负面信息太多,我必须给自己一些正能量,或者是给别人正能量,所以都是好的……因为基本上每隔一段时间我会回去看,我希望看到是好的……"(S8)

以上,我们描述了分享行为给旅游体验呈现带来界面切换与时空拓展,以及通过分享旅游者所获得的情感上的升华。特别是由社会交往、社会联系所引发的情感升华。通过分享带来的人际互动以及这种互动带来的情感上的愉悦、升华是旅游体验过程中的重要部分，乃至是旅游体验完整性的一环。可以说，对旅游者而言，分享所带来的这种基于现实社交关系的虚拟空间互动已然成为旅游交往的一部分。那么对于体验真实性而言，这种人际互动是否能成为其真实性的一部分？在分享行为日益普遍且重要的现在，有必要对体验真实性作一个反思，以更好地理解分享行为的作用与旅游体验真实性。

第三节
体验真实性的反思

真实性向来是旅游体验的一个重要议题，关系着旅游体验质量的好坏。正如Wang（2000）所指出的："从经济角度看，旅游在某种程度上是真实性的产业。旅游涉及真实性体验的供给和消费"。因此，当分享成为旅游者的一个重要习惯时，有必要重新审视旅游体验真实性问题。

在访谈中，当被问及旅游体验分享的重要性时，不少受访者认为分享是一种生活方式、一种习惯，乃至是旅游体验完整的一部分。

"就是一种生活方式吧，我现在拍一张照片然后发到朋友圈上去。就是用这种方式来表达一下自己，这个渠道来宣传一下自己。展示美好的东西自己看到的同时也让别人看到。现在的一种生活方式吧。"（S6）

"我会觉得不完整这样子。我觉得我去玩啊有好看的东西我就应该发出来啊，可能是一种习惯吧。习惯说到哪个地方我都拍照发一下，然后不能发我觉得挺遗憾的，手会痒痒的哦。"（S38）

"分享这件事本来就是,对现在的旅游,应该说,是其中不可缺少的一部分吧。"(S53)

由上述访谈结果的摘录,可看出旅游体验分享行为在旅游活动中的普遍性与重要性。分享行为的普遍性正是因为旅游者预期到其社会网络圈里的其他成员会浏览、关注自己的动态。个体在发布自身动态的同时,其他人可能会在车上或飞机上花费数小时浏览朋友亲人的简短信息动态。因此,更确切地说,这种普遍性与重要性体现在:分享所带来的虚拟空间人际互动,包括旅游者公共在场以及他人社会临场对整个旅游行程的影响。而这种虚拟空间的互动得益于移动通信与互联网的发展。移动通信、互联网等技术发展让个体不仅存在于有形的现实中,也存在于虚拟的世界里。特别对青年一代而言,有形世界与虚拟世界不再是分开的,而是深深地交织在一起,成为一致的整体的现实的一部分。

有形与虚拟世界的交织,在旅游活动中,特别是在体验分享行为中获得了深刻的体现。旅游者所体验的现实是虚拟与物质世界的结合,旅游者能够选择他们所参与的旅游者环境的脚本(Janssson,2007),并进一步决定他们在何种程度上体验存在的真实性。目前有新的词语来适应这种类型的旅游者:后旅游者(post-tourist)。后旅游者代表了我们理解人类旅游体验方式的一个重大改变。旅游者不再仅仅是有形的移动以及在地理上和情感上远离他们的社会网络。物质空间不在现场的朋友、家庭、同事在虚拟空间里与后旅游者同在,并与旅游者进行互动,在远方改变着旅游体验(Collison,2010)。可以说,后旅游者集多种移动性为一体:身体上有形的旅行、人际交往上的旅行以及想象力的旅行。

那么,在这种背景下,真实性如何被建构,又是如何影响旅游体验?换言之,社交媒介、互联网、移动应用技术等给旅游者带来了真实与虚拟交织的旅游环境,真实性如何在这一环境里建构起来,并影响旅游体验?

理解真实性以多种形式存在是回答此问题的重要前提。本书第一章对体验真实性进行了回顾。从概念演变角度看，真实性经历了客观主义真实性、建构主义真实性、后现代主义真实性、存在主义真实性以及定制化真实性的概念建构过程。这些形式不一的真实性，其指向也有所不同。有的指向具体的事物，如客观主义真实性，有的指向旅游者内心感受，如建构主义、存在主义真实性等。Selwyn（1996）提出真实性来源于两个方面：一方面与个人的感觉、情绪有关，另一方面与知识相关。他分别将这两种命名为"热"真实性（hot authenticity）与"冷"真实性（cool authenticity）[1]。类似于Selwyn的观点，Wang（1999，2000）也认为真实性有两种不同类型：与物相关以及与体验相关。Wang（1999）将与体验相关的真实性归类在"存在主义真实性"中，这些真实性既可以来自独立的体验，也可以是与他人互动的结果，他将之描述为自身真实性与人际真实性（Wang，2000）。自身真实性，包括旅游者的身体感受和自我认同；人际真实性，指旅游者在旅游中通过与目的地文化代表的互动，其他旅游者交流、分享快乐而获得的真实感受。就本研究而言，体验真实性主要关注两个方面：自身真实性，即旅游者通过各种移动社交平台分享旅游体验，进而在虚拟网络空间中展示他们的自我与自我认同；人际真实性，通过分享行为与他人进行交流互动，分享快乐而获得的真实性感受。正是这种形式的存在主义真实性与分享行为所体现出来的真实性有强烈的联系，而借由这种联系，存在主义真实性也有可能对旅游者获得客观主义真实性与建构主义真实性有所裨益。

　　如上所述，在真实与虚拟相结合的旅游分享情境下，真实性主要以存在主义中的自身与人际两种形式被建构起来，那么这种形式的真实性又是如何影响旅游体验？

---

[1] "热"真实性意指旅游体验中旅游者感觉自己更接近于真实自我；"冷"真实性指的是物体、地方或仪式固定的、事实上的真实性。

首先,不管是分享的互动还是存在主义真实的旅游体验中,都涉及自我的表达。真实自我是人们所感觉到的对自己内心想法、情感以及信念的真实描绘。就真实自我表达的层面上,发生在游客与其他游客及其所处旅游环境之间的存在主义真实性体验与通过分享互动获得的真实性体验是没有区别的。面对面互动产生的体验真实性与通过电子媒介互动产生的体验真实性,都保留着其在自我概念中的中心重要性,并进而显示了旅游行为与分享行为之间的强联系性。Jensen(2010)对旅游虚拟社区用户及谷歌地图使用者的研究发现,这些用户报告了他们的存在主义真实性,并指出从这些虚拟社区里获得的知识对其以后的旅游行为有强化作用。就此,这些将模拟空间与真实空间结合起来的旅游者在他们的旅游活动中找到了强化的存在主义真实性体验。

其次,虚拟与有形的混合可能有利于旅游者获得更多的客观主义与建构主义真实性。各种形式的真实性在很大程度上依赖于知识。以参观历史文化古迹为例,如果参观者不具备相关历史文化知识,那么他/她就不清楚真实性代表着什么,也就不可能对景观的真实性有所了解。因此,额外的信息会给参观者带来价值。在分享旅游体验的行为里,旅游者为了更好地展示自己的体验,或者展示自己的非凡阅历、文化资本等,他们更可能倾向于在旅游活动中关注各种解说性的信息以对旅游地有更深入的了解,并在这种了解的基础上融入自己的见解,并分享给朋友。因此,在这样的背景下,分享行为有助于旅游者获得客观性真实与建构性真实。同时通过这一分享行为,旅游者能够更好地表达自我,完成自我实现;由此,获得存在性真实体验的机会也大大提高,在这个意义上,虚拟的人际互动体验能够提高愉悦感,给有形体验增加价值。综上,从存在主义真实性的角度看,应该将虚拟空间的人际互动关系视为旅游体验真实性的一环,并且这种真实性对旅游体验存在强化作用。

第八章

旅游分享行为研究结论与展望

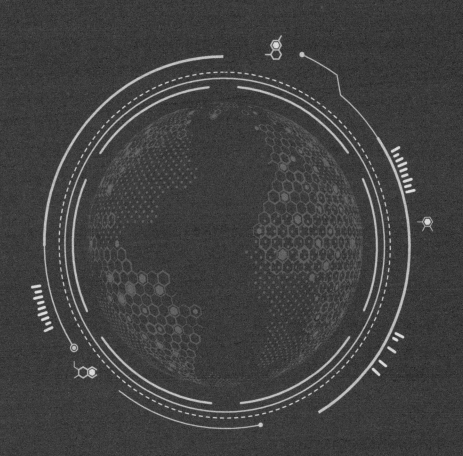

第一节
研究结论

本研究分析和探讨了以强关系网络为主的移动社交平台的旅游分享行为。通过扎根理论研究方法较为系统全面地分析了旅游分享过程的三个阶段，构建了旅游分享动态过程理论模型。研究表明，旅游分享是一个包含前因、实现、结果三阶段的动态过程。

1. 分享前因阶段

旅游者受个体相关动机与社会相关动机驱动，这些动机促使旅游分享成为旅游者的重要行为习惯，并借势移动社交媒体的发展成为普遍的社会现象。而分享平台的演变，即QQ和微信的普及，使得旅游者旅游分享的个体相关动机更为突出。这种差异源于平台的内在属性。强关系网络的社交属性大于媒体属性，更看重情感联结与互动，从而与个体相关的动机匹配度高；弱关系网络则着眼于信息的有效传播，通过信息传播帮助他人在这类平台更为常见。影响因素方面，不同于弱关系网络平台的分享，互惠、信任、归属感这三种常见因素并未在强关系网络移动社交平台体现出来。基于现实人际关系延伸的社交平台，互惠、信任、归属感已经在现实中发展起来，因而分享者在衡量是否分享时甚少关注这些因素。

2. 分享实现阶段

旅游者选择合心意的分享时段、分享方式与分享内容，借助移动社交平台搭建自我呈现的舞台，在舞台上分享旅游体验、与浏览者互动。移动社交平台这一分享媒介的空间虚拟性、分享过程实时性以及熟人圈特性为旅游者的体验构建提供了虚拟与现实交错、同步沟通与不同步沟通并存的舞台。旅游者借助旅游照片、文字、视频、表情等道具在这一舞台上构建他们的旅游体验。由于平台的强关系特性以及旅游者自我概念的影响，旅游者希望在熟人圈里维持并提高特定的自我形象，从而选择美化旅游体验，不愿意分享负面信息。与观众的实时互动情况则调节着旅游者的体验水平，同时也是旅游者分享体验的最大动力。在这一阶段，移动社交平台的网络空间虚拟性实现了体验的时间延续与空间拓展。通过旅游分享，分享者将旅游体验记录并归档进分享媒介所提供的时间轴里，使旅游体验在时间上获得了永久延续的可能性；由于移动终端设备的便利性，旅游者可以随时调用旅游体验记忆，从而实现旅游体验的时间延续。同时，网络分享媒介也给旅游体验的呈现带来了更大的舞台，实现了体验分享的空间拓展。此外，得益于移动社交平台分享的实时性，旅游分享过程中的交流互动增强了个体的社会临场感，熟人圈的强关系链优势进一步满足了分享者公共空间"在场"的需求，进而达成个体的情感交流需要。

3.分享结果阶段

相对于非移动端的旅游分享，分享媒介的可移动性让旅游者不仅可以在旅行结束后分享，更能在旅行途中即时互动，从而调节了旅行中的旅游体验水平。并且强关系网络的社会互动更能满足中国游客在熟人圈里求关注、与他人保持联系的需求，进而强化旅游体验水平。移动社交平台的旅游分享行为通过分享前准备、分享中表达与分享后互动三个途径强化分享者的认知体验、情感体验与回忆体验。但特定的分享动机与分享内容会限制这种强化作用。尽管旅游分享带来的体验强化是有条件的，但就口碑传播而言，强关系网络移动社交平台的旅游分享在口碑传播上同时具有网络时空拓展性与熟人圈规模局限性，也更易被接受与采纳；从而对潜在旅游者与旅游目的地/旅游企业产生了相应的影响。这种类型的旅游分享不仅对潜在旅游者产生影响，也给旅游目的地、旅游企业的经营管理提出了更高的要求。

　　分享行为不仅仅是给体验呈现提供了一个舞台，也给旅游体验的升华提供了平台。从呈现方式上看，通过网络媒介的分享打破了面对面互动分享的局限性，让旅游者可以随时在生活世界与旅游世界里进行切换，实现界面的跨越，从而增强与生活世界的情感联系。分享媒介也给旅游体验的呈现方式带来了时空上的升华，在时间延续与空间拓展上极大地体现了其优势。从情感表现来看，分享行为从情感记录、情感互动、情感回忆三个方面对旅游体验与旅游者自身认识进行了深化与升华。最后，在真实与虚拟相结合的背景下，本研究对旅游体验的真实性进行了反思，认为从存在主义真实性的角度看，应该将虚拟空间的人际互动关系视为旅游体验真实性的一环。真实性主要以存在主义中的自身与人际两种形式被建构起来。并且，虚拟与有形的混合更有利于旅游者获得更多的客观主义与建构主义真实性。

第二节
实践启示

　　通过扎根理论方法，本研究得出，移动社交平台的旅游分享行为会对分享者的旅游体验产生强化作用，并且会在激发旅游欲望、了解旅游地信息、影响旅游行为决策三个方面对浏览者（潜在旅游者）产生影响。不管是负面口碑还是正面推荐，浏览者都更信任建立在熟人圈网络基础上的移动社交平台的旅游分享。结合移动社交平台旅游分享的熟人圈特性与网络空间特性，这种类型的分享口碑对旅游目的地与旅游企业而言，是能善加利用的机遇同时也是对旅游服务质量、旅游产品、旅游服务管理水平等各方面提出更高要求的一大挑战。机遇是指，通过移动社交平台进行旅游分享行为已经日益成为一种普遍的现象，旅游目的地、旅游企业可以借助这一股分享潮流使之成为免费且高效的旅游宣传平台，并且进一步提高旅游者的体验水平。挑战来自旅游目的地或旅游企业如何避免这种分享平台上负面口碑的传播，以及如何使目的地所宣传的形象与移动社交平台上所传递的形象一致，从而形成合力提高目的地的营销效果。因此，本研究就移动社交平台的旅游分享行为提出相应的实践建议。

1. 全面提高服务质量

旅游体验质量高低不仅对旅游者极其重要，也是旅游目的地、旅游企业发展的生命线。对旅游目的地、旅游企业而言，不论是应对何种技术潮流或游客行为改变，最根本的举措是全面提高旅游服务质量，营造美好的旅游体验，为旅游者传播好的口碑打下坚实基础。旅游服务质量的全面提升包括美食体验、住宿体验、交通体验、景区景点游览体验、购物体验、娱乐表演活动体验、公共服务体系体验等。旅游目的地应结合当地具体情况，采取有效措施，推动旅游过程中各环节服务质量的联动提升。如鼓励商家诚信经营、提高员工服务技能与服务意识、打造无缝链接的友善旅游交通体系、提供让游客满意的娱乐或表演服务、做好游客安全保障工作等。

2. 打造可以被分享的内容

旅游目的地或旅游企业可从旅游分享者的角度打造可以被作为正面口碑传播的分享内容，积极抓住旅游分享带来的机遇。从扎根理论研究结果看，旅游者分享的照片中基本涵括了旅游体验的各个要素，风景、美食、娱乐表演活动、酒店等照片是旅游者经常分享的内容。因此旅游目的地与相关企业可以打造既能被旅游者分享又能激发浏览者旅游欲望的旅游服务内容，这些内容可以体现在旅游体验的各要素中。根据本研究结果，打造分享内容时着重考虑三个方面。其一：应具备一定品位，能获得旅游者与浏览者的认同。不少分享者的分享动机是为了寻求认同，因此他们会倾向于分享能获得别人认同的旅游经历或事物。其二，适当打造具有视觉冲击力的旅游凝视物，这类分享最能激发浏览者的旅游欲望。这种视觉冲击力并不一定来自风景，可以包括各个方面，如酒店设施、景区表演、美食诱惑等。其三，挖掘并推出旅游地的特色内容或趣味性内容，如富有历史意蕴的小巷。访谈中多数受访者表示喜欢分享特别的人事物，且多数旅游者的分享动机是为了分享快乐、美景趣事等。旅游目的地可以借助旅游者这一分享特点，将营销亮点融入其中。

3.所提供的旅游体验与目的地旅游形象相匹配

旅游分享行为对旅游目的地/旅游企业的一大挑战在于，旅游者在目的地所感受到的形象、所获得的体验与目的地营销定位的形象或所宣传的体验不同，从而导致分享传递出来的信息与营销广告相悖。并且多数时候这种相悖都是以负面口碑的形式体现出来的，这不仅会削弱旅游地的营销效果，也会造成潜在旅游者对目的地形象感知的混乱甚至抑制他们游览旅游地的欲望，从而不利于旅游地的发展。因此，旅游目的地/旅游企业应采取有效措施避免这种情况。如仔细审视旅游地的资源禀赋、服务能力等多方面因素，制定最有利于旅游地可持续发展的策略，并且这种策略必须考虑旅游地的可接受水平，即旅游地是否确实能够完成策略中的目标。从中析出适合旅游地的形象进行推广，这种形象的推广需与旅游地所能提供的服务质量相匹配。此外，旅游地形象一旦建立，相关机构在提供服务时应努力遵循这种形象，甚至以更佳的状态超越这种形象，让旅游者获得惊喜般的旅游体验，进而借由旅游者分享传播更多的正面口碑。

4.适应旅游者的分享习惯，进行智慧运营管理

针对旅游者的分享习惯，旅游目的地与旅游企业可进行相应的营销管理与服务管理。具体举措包括：

（1）**改善分享外部环境** 从调研结果看，多数游客选择在旅游过程中分享旅游体验，景区可改善分享的外部环境便利游客在旅游过程分享旅游体验。改善分享的外部环境主要包括提高无线网络覆盖率、提供与旅游景点、景区空间布局相匹配的休憩设施以及提升景区景点的信息化建设。第一，网络状况。网络状况是影响旅游者是否进行分享以及分享效用程度的重要因素。旅游目的地、旅游企业可提高休憩设施点的网络覆盖率，便利游客可以充分利用休息时间进行旅游分享、实现与移动社交平台上虚拟在场朋友的互动。第二，休憩设施。根据游客的游览路线与分享习惯（如刚游览完一个令人兴奋的景点标志物可能会激发分享冲动）完善游客休憩设施的空间布局与休憩设施升级，为游客创造便利的分享的条件。通过改善分享行为的外部环境，促进旅游者的分享行为，使之成为有效的口碑宣传方式之一。值得注意的是，此举措应建立在全面提高服务质量水平的基础上，以避免旅游负面口碑的传播。第三，信息化建设。从分享内容看，多数旅游者在分享前会积极寻找相应的信息，正是这一行动促进了旅游者认知体验的提升。因此，旅游景区应积极进行信息化建设，为旅游者的分享行为提供相应的信息支持。如充分打造和利用旅游咨询服务网、游客信息咨询站、旅游服务移动APP等旅游信息化平台，具体可在各个区段内旅游区（点）、旅游步行道、旅游公路与线路按一定间隔距离设置旅游自助信息站，并接入旅游目的地的旅游咨询服务网，方便游客获取景区景点的相关信息。并且要重视对旅游目的地、景区景点信息质量的把关，提供信息量丰富且准确的旅游信息让旅游者能方便分享。

（2）**良性干预旅游者的分享行为** 从研究结果可以看出，旅游者通

过分享及分享互动强化其认知体验、情感体验与回忆体验，浏览者也从分享互动中获取相应的旅游地信息从而影响其行为决策。针对此种情况，旅游企业、旅游目的地可通过创建公众号并提供相应服务，介入分享者与浏览者之间的互动，形成良性的干预效果。具体操作如下：与微信运营商合作，建立景区、目的地的公众号，创建一个容易进入的景区微信平台，如"微信摇景区"项目。旅游者进入景区即可通过手机微信摇一摇进入景区的营销平台，从中获取一系列景区相关信息，并在此平台实现与景区、目的地官方互动或与同在一个景点、景区的其他旅游者进行互动。在这个景区微信平台，可设置如下栏目以吸引旅游者进入，并达成良性干预的效果。

第一，景点签到服务。在景区微信平台签到后将签到转发到朋友圈，可参加随机抽奖或获得其他奖励项目。通过这一栏目，景区或目的地不仅可以获取旅游者的相关信息，并可借由转发签到的方式在旅游者的朋友圈上进行宣传。此外，针对景点、景区附近的当地居民或地理距离较近的周边地区游客，可通过累积签到次数获得相应的奖励。从而既提高回头客概率，又能多次在游客的朋友圈以委婉的方式进行广告宣传。

第二，投诉服务与服务补救。虽然有一部分游客由于心理成本的存在选择不在移动社交平台分享负面信息，但这并不代表游客不会通过其他渠道进行负面口碑传播。他们可能通过私信与关系更密切的亲朋好友抱怨。游客分享的这种习惯有利于旅游目的地或旅游企业采取相应措施，避免旅游负面信息的传播。在景区微信平台建立投诉服务栏目是一个有效的方式。当旅游者在景区或目的地遭遇负面事件或服务失败等情况时可随手一摇进入景区营销平台的投诉服务栏目进行投诉，景区或目的地可据此采取相应的服务补救。通过建立便利的服务投诉平台，为旅游者提供宣泄负面情绪以及解决问题的途径，从而降低游客在朋友圈分享旅游负面信息的概率。

第三，举办朋友圈游记征集或旅游摄影比赛活动，并采取奖励措施调动游客的参与性。通过这种方式不仅有利于旅游企业或旅游目的地了解游客的体验情况，同时也有利于推动旅游者更深入地体验旅游地，通过游记或摄影的方式进一步提高游客对当地的认知体验、情感体验等。在具体的评选过程可通过在旅游者的朋友圈集"赞"或采用其他让旅游者的朋友参与进来的方式，扩大传播效应。

5.充分利用旅游者的分享习惯，进行智慧营销

微信这一移动社交应用已然成为大众化的旅游分享平台，并且这一平台上的分享更能体现旅游者内心真正的想法。旅游目的地/旅游企业应善于利用这种新兴平台进行旅游营销。根据潜在游客的兴趣点，借助"类朋友"分享的微信营销方式，针对较为明朗的利基市场进行投放，提高营销效率。此处应注意的是，利用新媒体进行营销应采用由外向内的思维方式。即旅游目的地、旅游企业首先应考虑的问题是"自己有哪些独特且有价值的旅游服务、旅游产品可以提供给现有游客与潜在游客"，而不是由内向外的"如何扩展渠道给更多的潜在游客提供宣传画册"。设身处地从游客的角度思考问题，提供游客所需要的产品，有利于现有游客与潜在游客向旅游目的地、企业提供个人信息。进而，旅游目的地、企业可通过积累游客数据和旅游产品消费数据，逐步形成自媒体营销平台。

此外，移动社交平台旅游分享的一个重要特点是可以实现熟人圈的朋友互动。在这样的互动中既满足了分享者的情感交流需要，强化了旅游体验，也满足了浏览者的信息需要。旅游目的地与旅游企业可借助这种互动进行相应的营销推广，包括景区定位链接、游客介绍游客等方式。"景区定位链接"，指借助并拓展微信现有的定位功能，在定位服务中加入景区的相关介绍，或与景区公众号链接。当浏览者看到朋友的分享并对该景点、景区感兴趣时，除了从分享者获得相关的信息，还可通过定位链接服务获取更全面的信息。在景区定位链接中还可提供"寻找旅友"

的服务。"游客介绍游客"则指，当浏览者通过分享者的定位链接进行相应的旅游预订时，浏览者与分享者都可获得一定的奖励。

第三节
研究展望

1. 研究细化方面

未来研究方向可考虑以本研究所构建的旅游分享行为动态过程模型为基础，进行主题更细化的研究。如采用分组比较分析分享内容形式的不同对浏览者预期体验的差异影响；探究同是熟人圈的强关系网络，通过电脑端与移动端的旅游分享是否有所不同；旅游同伴对分享行为的影响，如亲子游中父母亲的分享是否会相互影响，结伴同游的朋友之间分享行为又会呈现什么样的特征，产生什么样的影响。关注分享者的社会文化背景及其对分享行为的影响也将是一个有趣且重要的议题，如强集体主义的中国游客与个体主义较强的西方游客在分享行为上是否存在差异性；工作与休假并非完全区分开的情况下，中国游客对工作与休假的感知是否会以及怎么影响休假中的旅游分享行为等。此外，从研究结果可以看出，朋友回应情况对分享行为非常重要。回应情况一般应包含三种情况，赞许的、中立的、反对的。由于旅游分享中积极性的回应更多，因此本书未对不同的回应可能带来的结果进行探讨。后期研究可进一步探讨回应不同对分享者旅游体验的影响差异性。

2. 研究方法方面

对于移动社交平台旅游分享行为的研究本书选择了探索性的质性研究方法，后续可借助实证分析探讨各变量之间的关系及其影响，以丰富旅游分享领域的研究成果。

3.研究领域方面

首先，本研究认为通过移动社交平台的旅游分享实现了旅游体验的时间延续与空间拓展。后续可对此进行深入探讨，特别是媒介与可记忆旅游的关系研究。

其次，旅游体验研究领域的一个核心概念是真实性。本书探讨了旅游分享情境下真实性是如何被组织的，后续研究可以进一步探讨真实性如何在这一环境里建构起来，及其对旅游体验的影响。

附 录

访谈提纲

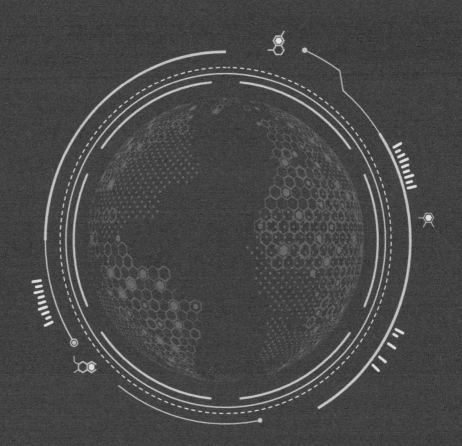

一、受访者背景信息

年龄、性别、教育程度、职业、旅游经验、社交媒体使用经验、旅游体验分享平台选择等。

二、作为分享者的受访内容

1. 描述最近一次的旅游过程，并具体阐述旅游体验分享情况。（视访谈进展细分为下述题目）
2. 描述分享情况包括通过什么平台、什么时间段分享，以及选择什么内容分享。
3. 出于什么想法分享旅游体验？
4. 出于什么考虑分享所选择的内容？
5. 别人对你分享的回应情况，以及这种回应对你的影响？
6. 分享旅游体验以及别人对你分享的回应是否会影响你的旅游体验？请说明原因。（此题根据访谈进展具体化为三个细分问题，即分享前准备、分享中表达、分享后互动）。
7. 分享旅游体验对你的重要性，请具体说明。

三、作为浏览者的受访内容

1. 描述浏览别人旅游体验分享的具体情况。
2. 别人的旅游分享会对你产生什么影响吗？

后记

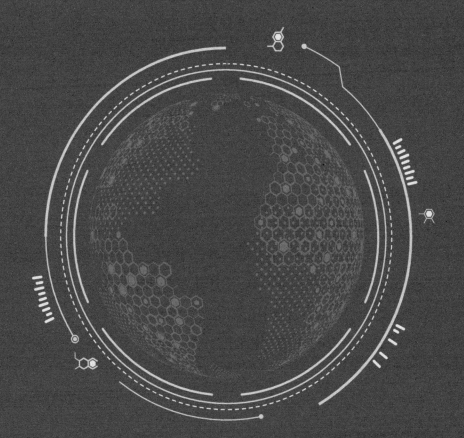

拙作是在博士论文的基础上修改而成的，选择"移动社交平台旅游分享行为"作为研究主题，主要是源于目前游客的旅游分享行为已然成为一种普遍的社会现象，但国内学术界对此现象的研究仍比较缺乏。由此，萌生了从学术上探讨这一行为、这一现象的想法。

为什么会产生这种行为，这种行为是怎么产生的，这种行为能给旅游者带来什么影响等，是本书的主要研究内容。因此，作为一本学术著作，本书大抵阐明了由实践到理论的四个基本要素：（1）what（是什么），哪些因素在逻辑上应该被视为解释了旅游分享这一现象；（2）how（怎么做），旅游分享行为是怎么实现的，这种实现有什么特性，能带来什么影响，其间的各个要素是如何相关的；（3）why（为什么），理论发展的使命是挑战和拓展现有的知识，本书试图通过理论模型构建与修正的过程阐述研究的意义与贡献，即解析强关系移动社交平台旅游分享与弱关系网络平台旅游分享之间的差异；（4）who、where、when（是谁、在哪里、在什么时候），理论是有边界的，这些时间和环境因素构成了理论的范围，本书的讨论主体是强关系网络移动社交平台的旅游分享行为，这也构成了本书研究的边界。

学位论文与专著有不少区别，学术论文有许多的规范需要遵守，如强调研究发现与贡献、强调论证过程的严谨与科学性等；专著的讨论则可以有更加深刻的内容和细节，有更大的写作空间与更加自由的呈现方式。因此改写过程中，很高兴可以将博士论文第一稿中讨论的一些议题以及更加丰富的细节放到本书中，这也是对当时思考过程的一个总结与再思考。

回首来时路，本书从萌芽到付梓要感谢的人很多。感谢我的导师林德荣教授，不弃驽钝，将我纳入门下。数年的学术探索生涯，是林老师的悉心指导与鼓励支持让我能在学术的道路上有所依凭，蹒跚前行。感谢师母朱老师在生活、健康上给予的关怀！同时，要感谢家人的陪伴与支持，正是有了他们的默默支持，本书才能完成。还要感谢在调研写作中给予无私帮助的朋友、同门们，虽然此处未一一提及名姓，但我铭记在心。最后，本书获厦门理工学院学术专著出版基金资助，感谢厦门理工学院给予的帮助与支持！

陈莹盈
2020年7月于集美

参考文献

艾尔·巴比. 2005. 社会研究方法[M]. 邱泽奇译, 北京: 华夏出版社, 33.

柴海燕. 2009. 旅游地网络口碑对消费行为的影响及营销对策[J]. 中国地质大学学报（社会科学版）, 9（6）: 104-107.

陈海波. 2017. 非惯常环境及其体验: 旅游核心概念的再探讨[J]. 旅游学刊, 32（2）: 22-31.

陈才. 2009. 意象凝视认同——对旅游博客中有关大连旅游体验的质性研究[D]. 大连: 东北财经大学出版社.

陈才, 卢昌崇. 2011. 认同: 旅游体验研究的新视角[J]. 旅游学刊, 26（3）: 37-42.

陈向明. 2000. 质性研究方法与社会科学研究[M]. 北京: 教育科学出版社.

陈莹盈, 林德荣. 2020. 强关系网络移动社交平台旅游分享行为研究——基于微信与QQ用户的资料分析[J]. 旅游学刊, 35（4）: 89-103.

尼克·库尔德利. 2014. 媒介、社会与世界: 社会理论与数字媒介实践. 何道宽译. 上海: 复旦大学出版社.

刁志波. 2012. 基于信息技术的旅游体验问题研究[J]. 商业研究, 1: 158-162.

段鹏. 2006. 传播学基础[M]. 北京: 中国传媒大学出版社.

郭庆光. 1999. 传播学教程[M]. 北京: 中国人民大学出版社.

郭亚军, 张红芳. 2002. 旅游者决策行为研究[J]. 旅游科学,（4）: 24-27.

郭艳华.基于信息依赖的旅游体验增强技术研究[J].经济论坛,2011,8:147-149.

韩小芸,谢礼珊,杨俊峰.2011.顾客心理授权及其与服务公平性关系的实证研究[J].营销科学学报,7(3):111-122.

黄向.2014.旅游体验心理结构研究——基于主观幸福感理论[J].暨南学报(哲学社会科学版),36(1):104-111+162-163.

贾衍菊.2017.社交媒体时代旅游者行为研究进展——基于境外文献的梳理[J].旅游学刊,32(4):117-126.

贾一诺,谢彦君,李拉扬.2018.旅游体验的类型与境界——三大戏剧表演理论视角下的新谱系[J].华侨大学学报(哲学社会科学版),(5):31-40.

赖斌,杨丽娟.2016.民族村寨传统饮酒仪节的现代旅游体验模式研究[J].西北民族大学学报(哲学社会科学版),(4):135-141.

科恩.2007.旅游社会学纵论[M].巫宁等译.天津:南开大学出版社.

科宾(Corbin J M),施特劳斯(Strauss A L).2015.质性研究的基础:形成扎根理论的程序与方法(第3版)[M].朱光明译.重庆:重庆大学出版社.

李淼,谢彦君.2012.以博客为舞台:后旅游体验行为的建构性诠释[J].旅游科学,6(26):21-31.

李旭东,张金岭.2005.西方旅游研究中的"真实性"理论[J].北京第二外国语学院学报,(1):1-6.

林恒.2013.社会化网络媒体对旅游消费行为影响及营销价值研究[D].福州:福建师范大学.

林巧,戴维奇.2008.旅游目的地网络口碑信任度影响因素研究[J].北京第二外国语大学学报,(7):15-22.

龙江智,卢昌崇.2009.旅游体验的层级模式:基于意识谱理论的分析[J].北京第二外国语学院学报,(11):9-19.

龙江智，卢昌崇．2010．从生活世界到旅游世界：心境的跨越[J]．旅游学刊，25（6）：25-31．

马天．2019．旅游体验质量与满意度：内涵、关系与测量[J]．旅游学刊，34（11）：29-40．

马天，谢彦君．2015．旅游体验的社会建构：一个系统论的分析[J]．旅游学刊，30（8）：96-106．

倪良康．2000．面对实事本身[M]．北京：东方出版社．

诺曼·K．邓津，伊冯娜·S．林肯．2007．定性研究：策略与艺术[M]．风笑天等译．重庆：重庆大学出版社．

潘海颖．2012．旅游体验审美精神论[J]．旅游学刊，27（5）：88-93．

任晓丽，钟士恩，黄佩红，张硕．2019．基于家庭系统理论的亲子旅游动机测量研究——以南京市红山森林动物园为例[J]．人文地理，34（2）：152-160．

邵鹏．2014．媒介作为人类记忆的研究——以媒介记忆理论为视角[D]．杭州：浙江大学出版社．

宋竹芳，张高军，李树民．2019．黑亦非黑：基于线上数据的黑色旅游体验及群体比较[J]．旅游学刊，34（5）：90-104．

王贵斌．2012．网络口碑对游客旅游决策的影响研究[J]．安徽师范大学学报（自然科学版），35（3）：271-275．

王寅，李弘．2003．体验哲学和认知语言学对句法成因的解释[J]．外语学刊，（1）：20-25．

威廉·冯·洪堡特著．1999．论人类语言结构的差异及其对人类精神发展的影响．姚小平译．北京：商务印书馆，48．

魏小安．2005．情景规划与体验设计[EB/OL]．http：//hexiu．blogchina．com/blog/1447342，html．

吴小坤．2011．微博拓张与社会化媒体的网络结构变革[J]．新闻记者，1：54-57．

谢彦君. 2005. 旅游体验研究——一种现象学的视角[M]. 天津：南开大学出版社.

谢彦君. 2006. 旅游体验的两极情感模型：快乐——痛苦[J]. 财经问题研究,（5）：88-92.

谢彦君,彭丹. 2005. 旅游、旅游体验和符号——对相关研究的一个评述[J]. 旅游科学,（4）：1-6.

谢彦君,谢中田. 2006. 现象世界的旅游体验：旅游世界与生活世界[J]. 旅游学刊,21（4）：13-18.

余向洋,朱国兴,邱慧. 2006. 游客体验及其研究方法述评[J]. 旅游学刊,（10）：91-96.

约瑟夫·A.马克斯威尔. 质的研究设计：一种互动的取向[M]. 朱光明译. 重庆：重庆大学出版社.

约书亚·梅罗维茨. 2002. 消失的地域：电子媒介对社会行为的影响[M]. 肖志军译,北京：清华大学出版社.

张鼐,周年喜. 2012. 社会资本和个人动机对虚拟社区知识共享影响的研究[J]. 情报理论与实践,（7）：56-60.

张朝枝. 2008. 旅游与遗产保护：基于案例的理论研究[M]. 天津：南开大学出版社.

赵红梅,李庆雷. 2012. 回望"真实性"（authenticity）（上）——一个旅游研究的热点[J]. 旅游学刊,27（4）：11-20.

赵刘,程琦,周武忠. 2013. 现象学视角下旅游体验的本体描述与意向构造[J]. 旅游学刊,10：97-106.

邹统钎,吴丽云. 2003. 旅游体验的本质、类型与塑造原则[J]. 旅游科学,（4）：7-11.

周亚庆,吴茂英,周永广,竺燕红. 2007. 旅游研究中的"真实性"理论及其比较[J]. 旅游学刊,（6）：42-47.

Abrahams A S, Jiao J, Fan W et al.,. 2013. What's buzzing in the blizzard of buzz? Automotive component isolation in social media postings [J]. Decision Support Systems, 55(4): 871-882.

Albers P C, James W R, 1988. Travel photography: a methodological approach [J]. Annals of Tourism Research, 15: 134-158.

Amos Hatch. 2007. 如何做质的研究[M]. 朱光明等译. 北京：中国轻工业出版社，15-16.

Ardichvili A, Maurer M, Li W, et al. 2006. Cultural influences on knowledge sharing through online communities of practice [J]. Journal of Knowledge Management, 10(1): 94-107.

Arsal I, Woosnam K M, Baldwin E D, et al. 2010. Residents as travel destination information providers: an online community perspective[J]. Journal of Travel Research, 49(4): 400-413.

Baudrillard J. 1983. Simulations [M]. New York: Semiotext.

Baym N K. 2010. Personal connections in the digital age [M]. Cambridge: Polity.

Bock G W, Zmud R W, Kim Y G. 2005. Behavioral intention formation in knowledge sharing: examining the roles of extrinsic motivators, social-psychology forces, and organizational climate [J]. MIS Quarterly, 29(1): 87-111.

Boorstin D J. 1964. The image: A guide to pseudo-events in America [M]. New York: Athenaeum.

Borrie W T, Roggenbuck J W. 2001. The dynamic, emergent, and multiphasic nature of on-site wildness experiences[J] . Journal of Leisure Research, 33(2): 202-228 .

Bowman S, Willis C. 2003. We Media: How audiences are shaping the future of news and information[M]. Virginia: The American Press Institute.

Bronner F, DeHoog R. 2011. Vacationers and eWOM: who posts, and why, where, and what? [J]. Journal of Travel Research, 50(1): 15-26.

Brown K W, Ryan R M, Creswell J D. 2007. Mindfulness: theoretical foundations and evidence for its salutary effects [J]. Psychological Inquiry, 18(4): 211-237.

Bruner E M. 1994. Abraham Lincoln as authentic reproduction [J]. American Anthropologist, 96 (2): 397-415.

Bruner J S. 1964. The course of cognitive growth [J]. American Psychologist, 19(1): 1-15.

Burgess S, Sellitto C, Cox C, et al. 2009. Trust perceptions of online travel information by different content creators: Some social and legal implications [J]. Information Systems Frontiers, 13(2): 221-235.

Casaló L V, Flavián C, Guinalíu M. 2011. Understanding the intention to follow the advice obtained in an online travel community [J]. Computers in Human Behavior, 27(2): 622-633.

Cezar A, Öğüt H. 2012. The determinants of domestic and international visitors' online hotel booking [J]. Procedia - Social and Behavioral Sciences, 58(0): 971-979.

Chang H.,Chuang S S. 2011. Social capital and individual motivations on knowledge involvment as a moderator[J]. Information and Management, (48): 9-18.

Charmaz K. 2000. Constructivist and objectivist grounded theory[A]. In Denzin, N. K.,Lincoln, Y. (Eds.), Handbook of Qualitative Research[C]. Thousand Oaks: Sage. 509-535.

Charmaz K. 2006. Constructing grounded theory: A practical guide through qualitative analysis[M]. Thousand Oaks: Sage Publications.

Chen C J, Huang S W. 2010. To give or receive? Factors influencing members'knowledge sharing and community promotion inprofessional virtual communities [J]. Information & Management, 47(4): 226-236.

Chen Y C, Shang R A, Li M J. 2014. The effects of perceived relevance of travel blogs' content on the behavioral intention to visit a tourist destination [J]. Computers in Human Behavior, 30: 787-799.

Chubb M, Chubb H R. 1981. One third of our time: An introduction to recreation behavior and resource [M]. New York: John Wiley and Sons, Inc.

Cohen E A. 1979. Phenomenology of tourist experiences[J]. The Journal of the British Sociological Association, 13(2): 179-201.

Cohen E. 1988. Authenticity and commoditization in tourism[J]. Annals of Tourism Research, 15 (3): 371-386.

Collison J R. 2010. Wherever you go, there we are: Tourism in a society of ubiquitous connectivity [D]. East Lansing Michigan State University.

Crompton J L. 1979. Motivations for pleasure vacation [J]. Annals of Tourism Research, 6: 408 -424.

Dann G M S. 1981. Tourist motivation: An appraisal [J]. Annals of Tourism Research, 8: 187 -219.

Dayan D. 2013. Conquering visibility, conferring visibility: Visibility seekers and media performance[J]. International Journal of Communications, J: 137-153.

Deng N, Li X. 2018. Feeling a destination through the "right" photos: A machine learning model for DMOs' photo selection [J]. Tourism Management, 65: 267-278.

Eco U. 1986. Travels in Hyperreality [M]. London: Picador.

Ellard C. 2009. You are here: Why we can find our way to the moon but get lost in the mall [M]. New York: Doubleday.

Fave A D. 2011. Psychological selection and optimal experience across cultures: Social empowerment through personal growth [J]. New York: Springer.

Filieri R, Mcley F. 2013. E-WOM and accommodation: An analysis of the factors that influence travelers' adoption of information from online reviews [J]. Journal of Travel Research, 53(1): 44-57.

Fredrickson B L. 1998. What good are positive emotions? [J]. Review of General Psychology, 2(3): 300-319.

Fredrickson B L. 2011. The role of positive emotions in positive psychology: The broaden-and-build theory of positive emotions [J]. American Psychologist, 56(3): 218-226.

Goncalves H M, Silva G M, Martins T G. 2018. Motivations for posting online reviews in the hotel industry [J]. Psychology Marketing, 35: 807-817.

Gonzales A L, Hancock J T. 2011. Mirror, mirror on my Facebook wall: Effects of Facebook exposure on self-esteem [J]. Cyberpsychology, Behavior, and Social Networking, 14(1): 79-83.

Gretzel U, Yoo K H. 2008. What motivates consumers to write online travel reviews? [J]. Information Technology &Tourism, 10(4): 283-296.

Gretzel U, Yoo K H. 2008. Use and impact of online travel reviews [A]. In O'Connor P, Höpken W, Gretzel U (Eds.), Information and communication technologies in tourism, Vienna: Springer, 35-46.

Haggard L M, Williams D R. 1992. Identity affirmation through leisure activities: Leisure symbols of the self [J]. Journal of Leisure Research, 24(1): 1-18.

Halliday M A K. 1990. New ways of meaning: The challenge to app lied linguistics [J]. Journal of Applied Linguistics, (6): 7-36.

Halliday M A K. 1994. An Introduction to Functional Grammar [M]. London: Edward and Arnold.

Hautz J, Füller J, Hutter K. et al. 2014. Let users generate your video ads? The impact of video source and quality on consumers' perceptions and intended behaviors [J]. Journal of Interactive Marketing, 28(1): 1-15.

Lee H A, Lawa R, Murphyb J. 2011. Helpful reviewers in tripadvisor, an online travel community [J]. Journal of Travel &Tourism Marketing, 28(7): 675-688.

Hendriks P. 1999. Knowledge-based systems and knowledge management: Friends or foes? [J] Information and Management, 35(2): 113-125.

Hsiao K, Lu H, Lan W. 2013. The influence of the components of storytelling blogs on readers' travel intentions [J]. Internet Research, 23(2): 160-182.

Hsu M H, Ju T L, Yen C H, et al. 2007. Knowledge sharing behavior in virtual communities: the relationship between trust, self-efficacy, and outcome expectations[J]. International Journal of Human-Computer Studies, 65(2): 153-169.

Hughes G. 1995. Authenticity in tourism [J]. Annals of Tourism Research, 22 (4): 781-803.

Iso-Ahola S E. 1982. Toward a social psychological theory of tourism motivation: A rejoinder [J]. Annals of Tourism Research, 9: 256-262.

Iso-Ahola S E. 1999. Motivational foundations of leisure [A]. In Jackson E L & Burton T L (Eds.), Leisure studies: Prospects for the twenty-first century [C]. State College, PA: Venture Publishing, Inc.

Ito M. 2005. Intimate visual co-presence, pervasive image capture and sharing workshop [A]. In Proceedings of the Seventh International

Conference on Ubiquitous Computing. Tokyo.

Jensen J L. 2008. Virtual Tourist: knowledge communication in an online travel community [J]. International Journal of Web Based Communities, 4(4): 503-522.

Jensen J L. 2010. Online tourism: Just like being there? [A]. In Kundsen B T & Waade A M. (Eds.), Re-Investing authenticity: Tourism, place and emotions[C]. Tonawanda: Channel View Publications.

Kang M, Gretzel U. 2012. Effects of podcast tours on tourist experiences in a national park[J]. Tourism Management, (33): 440-455.

Kanis M, Brinkman W P. 2009. HCI for positive change[C]. In Proceedings 13th Computer_Homan Interation Nederlands conference, Leiden.

Kaplan A M, Haenlein M. 2009. Users of the world, unite! The challenges and opportunities of Social Media [J]. Business Horizons, 53(1): 59-68.

Kietzmann J H, Hermkens K, McCarthy I P, et al. 2011. Social media? Get serious！Understanding the functional building blocks of social media [J]. Business Horizons, 54(3): 241-251.

Kim J, Fesenmaier D R. 2017. Sharing tourism experiences: The post-trip experience [J]. Journal of Travel Research, 56(1): 28-40.

Kim W, Jeong O R, Lee S W. 2010. On social Websites[R]. Information Systems, 35(2): 215-236.

Kirova V, Thanh T V. 2019. Smartphone use during the leisure theme park visit experience: The role of contextual factors [J]. Information & Management, 56: 742-753.

Levinson P. 2011. New new media [M]. Shanghai: Fudan University Press.

Liu Z, Park S. 2015. What makes a useful online review? [J]. Implication for travel product websites Tourism Management, 47(0): 140-151.

Liu H B, Wu L, Li X. 2019. Social media envy: How experience sharing on social networking sites drives millennials' aspirational tourism consumption [J]. Journal of Travel Research, 58(3): 355-369.

Liu X W, Zhang Z L, Law R, et al. 2019. Posting reviews on OTAs: Motives, rewards and effort [J]. Tourism Management, 70: 230-237.

Lo I S, McKercher B, Lo A, et al. 2011. Tourism and online photography[J]. Tourism Management, 32(4): 725-731.

MacCannell D. 1973. Staged authenticity: Arrangements of social space in tourist settings [J]. American Journal of Sociology, 79: 589 -603.

MacCannell, D. 1976. The Tourist: A new theory of the leisure class [M]. New York: Schocken Books.

MacCannell, D. 1989. The Tourist: A new theory of the leisure class (2nd edition)[M]. NewYork: Shocken Books.

Mack R W, Blose J E, Pan B. 2008. Believe it or not: Credibility of blogs in tourism [J]. Journal of Vacation Marketing, 14(2): 133-144.

Mascheroni G. 2007. Global nomads' network and mobile sociality: Exploring new media uses on the move [J]. Information, Communication & Society, 10: 527-546.

Matzler K, Renzl B, Muller J. et al. 2008. Mooradian personality traits and knowledge sharing[J]. Journal of Economic Psychology, 29: 301-313.

Marchiori E. 2012. Destination reputation in online media: Covered topics and perceived online dominant opinion [D]. Mendrisio: Universita della Svizzera italiana.

Marlow J, Dabbish L. 2014. When is a picture not worth a thousand words? The psychological effects of mediated exposure to a remote location[J]. Computers in Human Behavior, 30: 824-831.

Mauri A G, Minazzi R. 2013. Web reviews influence on expectations and purchasing intentions of hotel potential customers [J]. International Journal of Hospitality Management, 34: 99-107.

Mayfield A. 2008. What is Social Media [EB/OL]. iCrossing. Co. UK/ ebooks.

Mikkola H, Oinas M, Kumpulainen K. 2008. Net-based identity and body image among young IRC- gallery users [A]. In McFerrin K. et al. (Eds.), Proceedings of Society for Information Technology and Teacher Education International Conference[C]: 3080- 3085.

Munar A M. 2010. Digital exhibitionism: the age of exposure. [J]. Culture Unbound: Journal of Current Cultural Research, 2: 401-422.

Munar A M, Jacobsen J K S. 2014. Motivations for sharing tourism experiences through social media [J]. Tourism Management, 43: 46-54.

Murphy H C, Gil E A C, Schegg R. 2010. An investigation of motivation to share online content by young travelers: Why and where [A]. In Gretzel U, Law R, Fuchs M. (Eds.), Information and Communication Technologies in Tourism 2010: Proceedings of the International Conference in Lugano, Switzerland, February 10-12, 2010. New York: Springer.

Myers, D. 2008. Social psychology[M]. New York: McGraw-Hill.

Nahapiet J, Ghoshal S. 1998. Social capital, intellectual capital, and the organizational advantage [J]. Academy of Management Review, 242-266.

Nyahunzvi D K. 2013. Come and make a real difference: Online marketing of the volunteering experience to Zimbabwe [J]. Tourism Management Perspectives, 7: 83-88.

Ogut H, Tas B K O. 2012. The influence of internet customer reviews on online sales and prices in hotel industry [J]. The Service Industries Journal, 32(2): 197-214.

Okazaki S, Andreu L, Campo S. 2017. Knowledge sharing among tourists via social media: A comparison between Facebook and TripAdvisor [J]. International Journal of Tourism Research, 19(1): 107-119.

Park J H, Gub B, Leung A C M. et al. 2014. An investigation of information sharing and seeking behaviors in online investment communities [J]. Computers in Human Behavior, 31: 1-12.

Pearce P. L. 1993. Fundamentals of tourist motivation [A]. In Pearce D G, Butler R W. (Eds.), Tourism Research: Critiques and Challenges [C]. New York: Routledge.

Pearce P L, Filep S, Ross G F. 2011. Tourists, tourism and the good life [M]. New York: Routledge.

Pearce P L, Wu M Y, De Carlo M. 2013. Contemporary experiences of Chinese tourists in Italy: An onsite analysis in Milan [J]. Tourism Management Perspectives, 7: 34-37.

Pine II B J, Gilmore J H. 1999. Welcome to the experience economy [J]. Harvard Business Review, 76(4): 97-105.

Preece J, Maloney-Krichmar D, Abras C. 2003. History of emergency of online communities[A]. In Christensen K, Levinson D. (Eds.), Encyclopedia of Community: From Village to Virtual World (1023-1027). Thousand Oaks: Sage Publications.

Preece J, Nonnecke B, Andrews D. 2004. The top 5 reasons for lurking: improving community experiences for everyone [J]. Computers in Human Behavior, 20(2): 201-223.

Pudline B A. 2007. Alternative literature and tourist experience: Travel and tourist Weblogs [J]. Journal of Tourism and Cultural Change, 5(1): 46-59.

Putnam R D. 2000. Bowling alone: The collapse and revival of American community [M]. New York: Simon and Schuster.

Qu H L, Lee H. 2011. Travelers' social identification and membership behaviors in online travel community [J]. Tourism Management, 32(6): 1262-1270.

Rong J, Vu H Q, Law R, Li G. 2012. A behavioral analysis of web sharers and browsers in Hong Kong using targeted association rule mining [J]. Tourism Management, 33(4): 731-740.

Ryan C. 1991. Recreation tourism: A social science perspective [M]. London and New York: Routledge.

Ryan R M, Deci E L. 2000. Self-determination theory and the facilitation of intrinsic motivation, social development, and well-being [J]. American Psychology, 55(1): 68-78.

Sander T. 2010. Positive computing[A]. In R. Biswas-Diener (Ed.), Positive psychology as social change[C]. New York: Springer.

Schwabe G, Prestipino M. 2005. How tourism communities can change travel Information quality [A]. 13th European Conference on Information Systems, Information Systems in a Rapidly Changing Economy.

Selwyn T. 1996. The tourist image: Myths and myth making in tourism [M]. New York: John Wiley.

Stepchenkova S, Zhan F. 2013. Visual destination images of Peru: Comparative content analysis of DMO and user-generated photography [J]. Tourism Management, 36(0): 590-601.

Stoeckl R, Rohrmeier P, Hess T. 2007. Motivations to produce user generated content: Differences between webbloggers and videobloggers [A]. In 20th Bled eConference eMergence: Merging and Emerging Technologies, Processes, and Institutions, 398-413.

Tan W K. 2017. The relationship between smartphone usage, tourist experience and trip satisfaction in the context of a nature-based destination

[J]. Telematics and Informatics, 34: 614-627.

Tsao W C, Hsieh M T, Shih L W, et al. 2015. Compliance with EWOM: The influence of hotel reviews on booking intention from the perspective of consumer conformity [J]. International Journal of Hospitality Management, 46: 99-111.

Tung V W S, Ritchie J R B. 2011. Exploring the essence of memorable tourism experiences [J]. Annals of Tourism Research, 38(4), 1367-1386.

Turkle S. 2008. Always on / always you: The tethered self [A]. In Katz J E (Ed.), Handbook of Mobile Communication Studies[C]. Cambridge: MIT Press.

Tussyadiah I, Fesenmaier D R. 2009. Mediating tourist experiences: access to places via shared videos [J]. Annals of Tourism Research, 36(1): 24-40.

Urry J. 1990. The Tourist Gaze: Leisure and travel in contemporary Societies [M]. London: Sage Publication.

Usoro A, Sharratt M W, Tsui E, et al. 2007. Trust as an antecedent to knowledge sharing in virtual communities of practice [J]. Knowledge Management Research & Practice, 5(3): 199-212.

Vermeulen I E, Seegers D. 2009. Tried and tested: the impact of online hotel reviews on consumer consideration [J]. Tourism Management, 30(1): 123-127.

Walsh G, Gwinner K P, Swanson S R. 2004. What makes mavens tick? Exploring the motives of market mavens' initiation of information diffusion[J]. Journal of Consumer Marketing, 21: 109-122.

Walther J B. 2007. Selective self-presentation in computer-mediated communication: Hyperpersonal dimensions of technology, language, and cognition [J]. Computers in Human Behavior, (23): 2538-2557.

Wang D, Park S, Fesenmaier D R. 2012. The role of smartphones in mediating the touristic experience [J]. Journal of Travel Research, 51(4): 371-387.

Wang N. 1999. Rethinking authenticity in tourism experience [J]. Annals of Tourism Research, 26 (2): 349-370.

Wang N. 2000. Tourism and modernity: Sociological analysis [M]. Oxford: Pergamon.

Wang Y. 2007. Customized authenticity begins at home [J]. Annals of Tourism Research, 34 (3): 789-804.

Wang Y, Fesenmaier D. 2003. Assessing motivation of contribution in online communities: An empirical investigation of an online travel community [J]. Electronic Markets, 13(1): 33-45.

Wang Y C, Fesenmaier D R. 2004. Towards understanding members' general participation in and active contribution to an online travel community [J]. Tourism Management, 25(6): 709-722.

Wanga H Y. 2012. Investigating the determinants of travel blogs influencing readers' intention to travel [J]. The Service Industries Journal, 32(2): 231-255.

Wasko M M, Faraj S. 2005. Why Should I Share? Examining social capital and knowledge contribution in electronic networks of practice [J]. MIS Quarterly, 29(1): 35-57.

White N R, White P B. 2007. Home and away: Tourists in a connected world [J]. Annals of Tourism Research, 34(1): 88-104.

Williams C, Buswell J. 2004. 旅游与休闲服务质量管理[M]. 戴斌, 依绍华译. 天津: 南开大学出版社.

Wu M Y, Pearce P L. 2016. Tourism blogging motivations: why do Chinese tourists create little "Lonely Planets"? [J]. Journal of Travel

Research, 55(4): 537-549.

Ye Q, Law R, Gu B. 2009. The impact of online user reviews on hotel room sales [J]. International Journal of Hospitality Management, 28: 180-182.

Ye Q, Law R, Gu B, et al. 2011. The influence of user-generated content on traveler behavior: An empirical investigation on the effects of e-word-of-mouth to hotel online bookings [J]. Computers in Human Behavior, 27(2): 634-639.

Yoo K H, Gretzel U. 2011. Influence of personality on travel-related consumer generated media creation [J]. Computers in Human Behavior, 27(2): 609-621.